## Nur ein paar Stündchen

*Nix wie raus, ganz schnell ins Grüne. Auch mit wenig Zeit lässt sich Großartiges erleben. Kleine und große Abenteuer warten direkt vor der Haustür.*

**4 H**

## Raus für einen Tag

*Man muss nicht das Land verlassen, um neue Welten zu entdecken. Einfach mal einen Tag lang raus aus dem Alltagsallerlei und rein in die Natur.*

**12 H**

## Ferien für ein Wochenende

*Warum auf die große Auszeit warten, wenn man einen Wochenendtrip in der Nähe machen kann? Vergnügen, Abenteuer und Wohlgefühl kompakt und intensiv.*

**36 H**

# ABSTECHER
# AB SEITE 8

# AUSFLÜGE
# AB SEITE 90

# MINIURLAUB
# AB SEITE 172

# LIEBE LESERIN, LIEBER LESER.

raus an die frische Luft gehen tut gut – was im Kindesalter galt, ist auch für uns Erwachsene goldrichtig! Unter freiem Himmel, im wilden Wald oder im geheimnisvollen Moor sind Alltagshektik und To-do-Listen rasch vergessen. Das Beste: Das Schöne liegt direkt um die Ecke! Den Fahrtwind bei einer Radtour genießen, beim Kanufahren neue Perspektiven gewinnen oder auf einer Flussinsel relaxen– es gibt so viel zu entdecken in Bremen und umzu.

52 Mal geht es mit diesem Buch nach draußen: für ein paar Stunden, einen Tag oder ein Wochenende. Der Erholungseffekt hält natürlich länger an, garantiert!

Viel Vergnügen im Grünen wünscht Ihnen, dir und euch

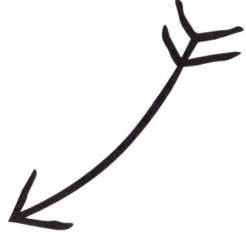

PS: Informationen zum GPX-Download gibt's auf Seite 224.

# 1. KAPITEL ABSTECHER

## Nur ein paar Stündchen

*Beim SUPen den Werdersee neu entdecken, Bremer Geschichte in Walle erforschen oder zur Heideblüte lila sehen – große Erlebnisse in wenigen Stunden.*

**4H**

| | | |
|---|---|---|
| #1 | ... auf dem Weserradweg | Seite 10 |
| #2 | ... rund um die Oberneulander Mühle | Seite 14 |
| #3 | ... im Rhododendronpark | Seite 18 |
| #4 | ... im Stadtwald | Seite 22 |
| #5 | ... in den Wallanlagen | Seite 26 |
| #6 | ... an der Weser in Rablinghausen | Seite 30 |
| #7 | ... am Waller Feldmarksee | Seite 34 |
| #8 | ... durchs Werderland | Seite 38 |
| #9 | ... durch das Schönebecker Auetal | Seite 42 |
| #10 | ... auf dem Waller Friedhof | Seite 46 |
| #11 | ... auf der Stadtteilfarm in Huchting | Seite 50 |
| #12 | ... im Park links der Weser | Seite 54 |
| #13 | ... in der Kompletten Palette | Seite 58 |
| #14 | ... auf dem Werdersee | Seite 62 |
| #15 | ... in Eispohl | Seite 66 |
| #16 | ... um die Neue Weser | Seite 70 |
| #17 | ... im Bürgerpark | Seite 74 |
| #18 | ... im Knoops Park an der Lesum | Seite 78 |
| #19 | ... am Waller Sand | Seite 82 |
| #20 | ... im Blockland | Seite 86 |

# FEST IM SATTEL

 ... auf dem Weserradweg

 *Links der grüne Deich, rechts kreuzen Segelboote über die Weser. Die Fahrradtour zwischen Woltmershausen und Lemwerder begeistert als Miniversion des Weserradwegs. Wer hier in die Pedale tritt, vergisst den Alltagsstress im Nu.*

#Drahtesel #Weitblick #Schäfchenwolken #Weserplätschern #Schiffegucken

Beim Anblick des blühenden Tidebiotops und Rastpolders Duntzenwerder kurz vor dem Ochtumsperrwerk machen nicht nur Vogelherzen Freudensprünge.

→ ABSTECHER...

Frischluft und Fernblick gefällig? Dann rauf aufs Fahrrad und rein ins Vergnügen. Auf der 20 Kilometer langen Strecke zwischen Woltmershausen und Lemwerder findet man im Kleinen, wofür der insgesamt 520 Kilometer lange Weserradweg berühmt ist. Marschwiesen hinter dem Deich, dicke Pötte auf der Weser, unendlicher Weitblick.

Im urbanen Woltmershausen führt der Weg an der denkmalgeschützten Christuskirche vorbei. Hinter dem Landhaus zur Hexe beginnt in der Senator-Appelt-Straße der Neustädter Hafen. Dass hier sagenhafte zwei Millionen Tonnen Güter jährlich umgeschlagen werden, stört die Frösche, Enten und Gänse im angrenzenden Naturschutzgebiet überhaupt nicht.

Übrigens, die Navigation für diese Tour ist kinderleicht, denn der Weserradweg ist hervorragend ausgeschildert. Am Neue Kämpe Fleet biegt der Weg rechts ab und führt auf den Deich hinauf. Wer hier einen Moment innehält, erblickt zwei Welten – hier die weite Weser

Wer sagt denn, dass Hochwasserschutz öde ist? An der Weser Side Gallery gibt es eine kunterbunte Überraschung, da steigt man gern vom Rad ab.

entlang des grünen Deiches, da die Hafenanlagen. An klaren Tagen zeigt sich sogar der markante Bremer Fernsehturm.

Jetzt macht das Radfahren so richtig Spaß: Auf gerader Strecke lenkt nichts vom Fahrvergnügen ab. Nun ja, außer den flinken Segelbooten, die über die Weser sausen. Viele von ihnen haben ihren Heimathafen ganz in der Nähe: nämlich im Jachthafen von Hasenbüren. Knurrt der Magen? Dann ist die Hafengaststätte die richtige Anlaufstelle; Bremer Knipp, Schwarzbrot mit Nordseekrabben, aber auch hausgemachter Kuchen geben Kraft für die zweite Etappe.

Die beginnt kurz vor dem Ochtumsperrwerk. Über den Hasenbürener Deich führt der Radweg durch den Rastpolder Duntzenwerder und das Tidebiotop. Das 55 Hektar große Vogelschutzgebiet ist die Heimat von Wasser-, Wat- und Wiesenvögeln. Die Kalorien von der kurzen Rast werden direkt verbrannt: Flott geht es gen Norden weiter nach Lemwerder. Kurz vor dem Ziel lohnt sich der Abstieg vom Rad nun doch. Was haben ein Lama, kunterbunte Fische und Frida Kahlo gemein? Sie alle zieren die längste Freiluftgalerie Deutschlands. Großstadtflair meets nordische Provinz. Über 200 Street-Art-Künstler verewigten sich 2018 auf der 970 Meter langen Betonwand.

Was jetzt zum Glück noch fehlt? Ein Aussichtsturm! Nach der künstlerischen Verschnaufpause sind die 64 Stufen auf den Lemwerder Aussichtsturm ein Klacks. Aus 25 Meter Höhe erblickt man schon die Fähre, mit der es gleich von Lemwerder rüber nach Vegesack geht. Moment, Fähre? Ja, sie ist das i-Tüpfel-

chen dieser Miniauszeit. Die Beine erholen sich vom Strampeln, Seeluft pustet durch – schöner kann eine Fahrradtour nicht enden.

**FAZIT: RAUF AUFS RAD UND RUNTERKOMMEN, DAS GEHT PERFEKT AUF DEM FLACHEN WESERRADWEG. DAFÜR SORGEN WEITBLICK, DEICH UND WESER.**

**Hin & weg:** RB58, RS3 bis Bahnhof Neustadt, zurück mit der Fähre Lemwerder nach Vegesack, Anschluss an die RS1 ab Bahnhof Vegesack.

**Dauer & Strecke:** 3–4 Std., Fahrradstrecke Woltmershausen bis Lemwerder 20 km.

**Beste Zeit:** Ganzjährig, vor allem von Frühling bis Herbst schön.

**Ausrüstung:** Fahrrad.

→ ABSTECHER...

# MÜHLEN-ROMANTIK

≥ ... rund um die Oberneulander Mühle ≤

**#2**

*Eine Windmühle inmitten eines farbenfrohen Blumenmeeres – eine romantischere Kulisse für einen Kurzausflug zum Feierabend gibt es wohl kaum. Zum Ausklang noch eine Runde zwischen knorrigen Eichen und mächtigen Buchen flanieren, da wird jedem Ruhesuchenden warm ums Herz.*

#Windmühle #kunterbunt #selberpflücken #Feierabendrunde

Sehr elegant sind sowohl der Muhles Park als auch die Gladiolen vor der Oberneulander Mühle.

Direkt hinter dem Bahnübergang in Oberneuland führt ein kleiner Pfad zu dieser Schönheit. Mit ihren vier mächtigen Flügeln lugt sie schon über die Baumwipfel hervor: die Oberneulander Mühle. Einmal herumgehen, denn vor allem aus etwas Entfernung zeigt sie sich in ihrer vollen Pracht. Die hübsche Kappenwindmühle wurde 1848 erbaut, nachdem ihr Vorgänger abgebrannt war. Heute gehört das Denkmal zum Focke-Museum; eine Ausstellung widmet sich der Getreideherstellung (Öffnungszeiten unter www.focke-museum.de).

Doch nicht nur die Mühle zaubert eine romantische Atmosphäre an diesem lauen Sommerabend. Vor ihr erstreckt sich ein Blumenmeer aus Sonnenblumen, Gladiolen, Dahlien. Kräftiges Violett, strahlendes Gelb, sattes Rot, zartes Rosa – ein Fest für die Augen. Für Hobbyfotografen bieten sich hier unzählige Motive, vor allem wenn man mit den Pflanzen auf Augenhöhe geht. Für ein paar Euro darf man sich hier übrigens einen bunten Blumenstrauß selber pflücken.

Nur 1,5 Kilometer entfernt befindet sich die Parkanlage Höpkens Ruh und Muhles Park. Uralte Bäume säumen die Wege, die man fast für sich alleine genießen kann. Die Parks entstanden bereits ab Ende des 18. Jahrhunderts, als hier gut betuchte Bremer ihre Landsitze errichteten. Obwohl Höpkens Ruh vom Juristen Jacob Friedrich Schultz angelegt wurde, verdankt der Park seinen Namen dem Kapitän Höpken, der den Landschaftsgarten der Stadt Bremen vermachte, mit einer Auflage: Der Park dürfe nicht verändert werden. Und so findet man hier über 200 Jahre alte Bäume.

In den Baumhöhlen wohnen übrigens viele Fledermäuse – der BUND bietet nächtliche Exkursionen an.

Auf einer Parkbank findet man ein ruhiges Plätzchen zum Lesen, um den Gedanken nachzuhängen oder für einen Klönschnack mit der Begleitung. Ganz so, wie es der Kapitän sich gewünscht hat.

**FAZIT: ROMANTIK PUR IM LANDSCHAFTS-GARTEN ZWISCHEN BLUMENMEER UND WINDMÜHLE.**

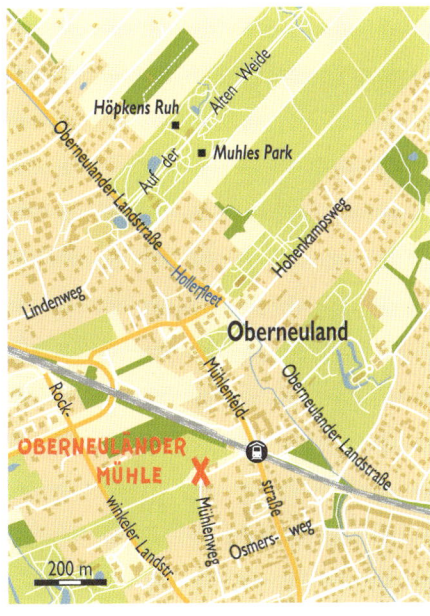

**Hin & weg:** Mit der RB41 ab Bremen Hbf bis Bahnhof Bremen-Oberneuland. Buslinie 33 bis Höpkens Ruh.

**Dauer:** 2 Std.

**Beste Zeit:** Sommer und Herbst.

**Ausrüstung:** Kamera.

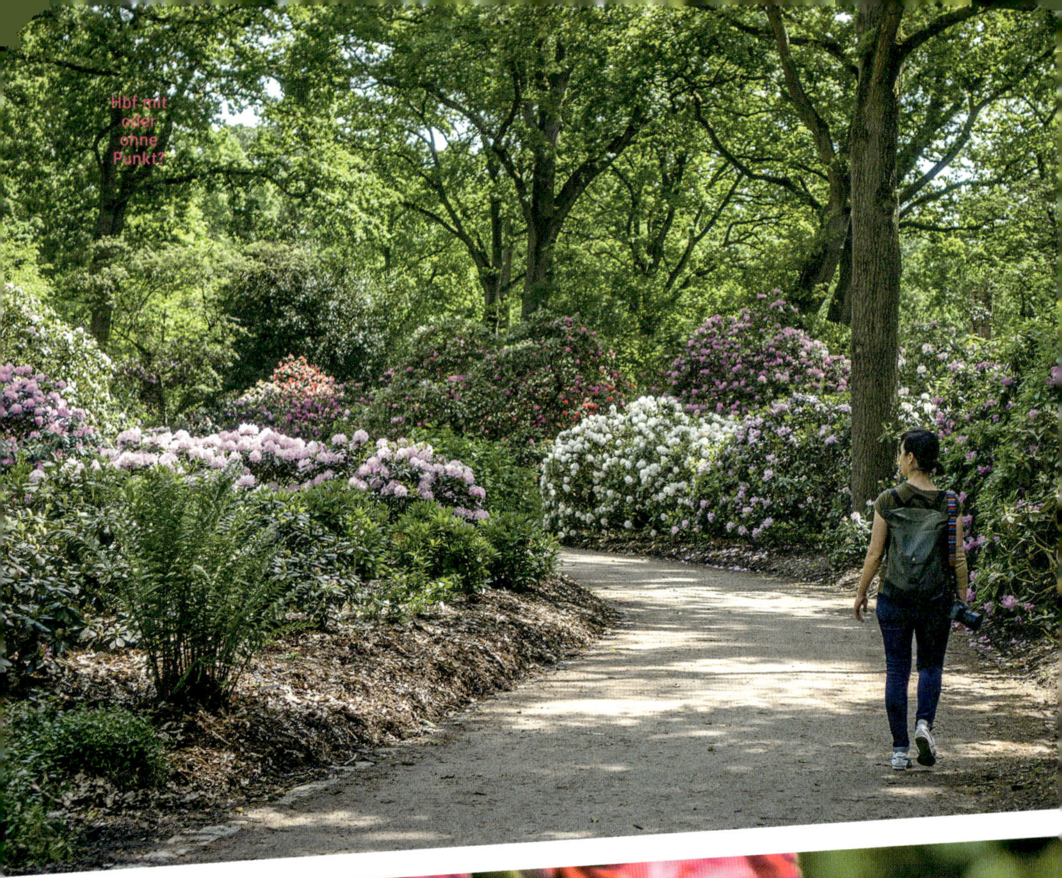
Hbf mit oder ohne Punkt?

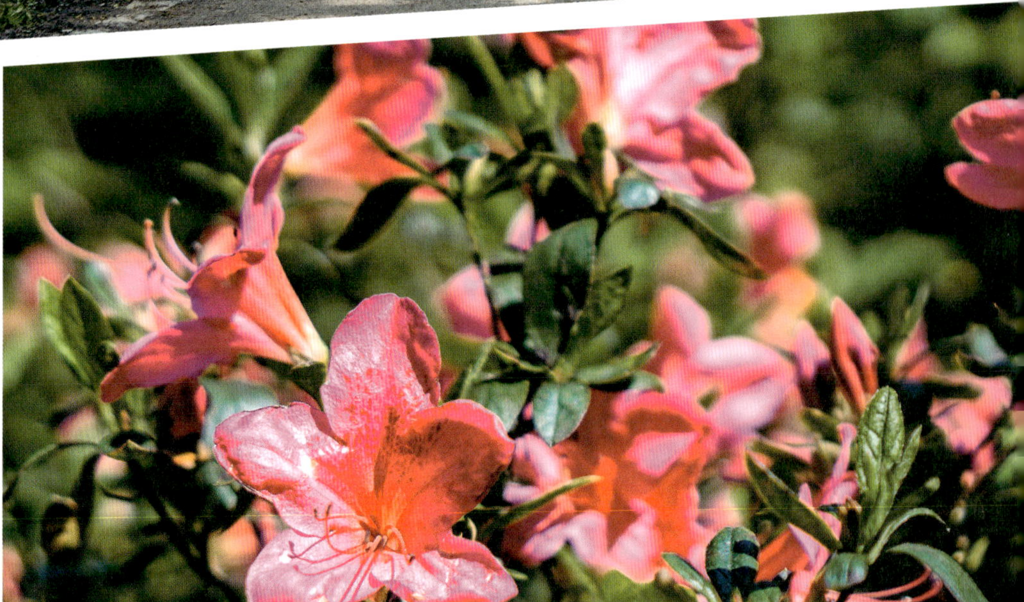

# FARB-
# EXPLOSION

... zur Blüte im Rhododendronpark

Jetzt wird es bunt. Rot, Pink, Lila, Gelb, Orange – zur Blüte im Mai strahlt der Rhododendronpark zur Freude aller Blumenliebhaber. An so viel Farbenpracht kann man sich nämlich gar nicht sattsehen, vor allem Hobbyfotografen dürfen sich hier austoben.

#FiftyShadesofPink  #Flowerpower  #Farbenmeer

Was für ein Gaumenschmaus die Rhododendronblüte sein muss! Während sich die Hummeln im Blütenrausch befinden, können Hobbyfotografen ihnen auf die Pelle rücken.

Beim Betreten des Rhododendronparks kommt man erst mal nur langsam voran. Zu schön sind die Blüten, die den Besucher direkt am Eingang begrüßen. Kräftiges Pink wechselt sich mit sattem Violett ab. Mittendrin surren Hummeln von Blüte zu Blüte. Wenn man ganz nah herangeht, sieht man sogar die feinen Pollen auf ihrem flauschigen Fell.

Selbst die nüchternsten Norddeutschen werden beim Anblick der Azaleeninsel im Rhododendronwald zu Romantikern.

Der Rhododendron tritt jetzt zur Blütezeit in allen Farbvarianten auf. Mehr als 600 Arten und 3500 Züchtungen sind in dem öffentlichen Park in Horn-Lehe vertreten. Bei der Eröffnung 1937 maß der Park noch zwei Hektar, heute befindet sich auf 46 Hektar eine der größten Rhododendronsammlungen der Welt.

Im ältesten Parkbereich, dem Rhododendronwald, zeigen sich neben den imposanten Azaleen und Rhododendren auch altehrwürdige Bäume. Spannend ist auch der Globus, der sich hier befindet. Weltweit gibt es rund 1000 Rhododendronarten, verteilt auf vier Kontinente. Wo es die meisten gibt? Na, das findet man natürlich auf ebendiesem Globus heraus.

Weiter geht es zum Azaleenhain. Die feineren Blüten strahlen quietschgelb, zartlila oder auch sommerlich orange. Ihre Pracht mit der Kamera einzufangen macht nicht nur ambitionierten Naturfotografen Freude. Nah herangehen, die Totale einfangen, Porträtaufnahmen für das Familienalbum – die Kulisse ist definitiv atemberaubend und inspirierend.

Noch mehr Naturkunde kann im botanischen Garten im Zentrum des Parks betrieben werden, der ebenfalls frei zugänglich ist. Arznei- und Heilpflanzen, aber auch ein Alpinum bringen kleinen und großen Pflanzenliebhabern Freude. Apropos kleine Entdecker: Wer mit Kindern unterwegs ist, sollte natürlich noch beim Abenteuerspielplatz haltmachen.

**FAZIT: EINTAUCHEN IN EIN FARBENMEER AUS BLÜTEN. NIRGENDS GEHT ES BUNTER ZU ALS IM FRÜHSOMMER ZUR BLÜTEZEIT IM RHODODENDRONPARK.**

**Hin & weg:** Straßenbahn Linie 4 bis Haltestelle Bürgermeister-Spitta-Allee oder mit dem Bus 31 bis Haltestelle Rhododendronpark.

**Dauer:** 2 Std.

**Beste Zeit:** Mai und Juni.

**Ausrüstung:** Kamera.

# KRAFTAKT

 ... beim Outdoortraining im Stadtwald

*Wenn der Winter den ersten Frühlingsstrahlen weicht, geht es den Wohlfühlpfunden an den Kragen. Im Bürgerpark gibt's eine Finnbahn samt Trimm-dich-Station, wo man sich unter freiem Himmel auspowern kann. Also runter von der Couch und rein in die Sportmontur.*

#Trimmdich  #Workout  #FreiluftMuckibude

Auf die Plätze, fertig, los! Im Bürgerpark steht einem Ganzkörpertraining nichts im Wege.

Hmmmmm. Duftet das gut. Statt muffeliger Fitnessstudioluft riecht es im Bürgerpark nach Sonne, Laub und Holz. Genauer gesagt, im Stadtwald, der den hinteren Bereich des Bürgerparks bildet. Die meisten Bremer verschlägt es hierher wohl seltener und eher an den beliebten Emmasee, zum Abenteuerspielplatz oder auf einen Spaziergang vorbei am Marcusbrunnen.

Dass der Stadtwald dem Bürgerpark angegliedert wurde, verdankt Bremen dem Bürgerparkverein und seinem Vorsitzenden von 1906: Franz Schütte. Um hier über 500 000 Bäume, 75 000 Niederholzsetzlinge und 2000 Alleebäume zu pflanzen, musste der Bremer Kaufmann 250 000 Goldmark berappen.

Was für ein Glück! Heute erfreuen sich Läufer an der 1,667 Kilometer langen Finnbahn (drei Runden ergeben genau fünf Kilometer). Auf dem gelenkschonenden Untergrund läuft es sich gleich viel angenehmer. Die Runde führt vorbei an imposanten Alleebäumen und durch dichten Wald. Vögel singen ihr Liedchen, ab und zu huscht ein Eichhörnchen vorbei. Da wird neben dem Körper auch der Geist direkt wach.

Übrigens, wer ein wenig Gruppenpower zur Motivation benötigt: Mehrere Lauftreffs trainieren hier in der Woche gemeinsam (Infos unter www.buergerpark.de). Die Bahn ist außerdem beleuchtet, sodass einer Laufeinheit am Feierabend nichts im Wege steht außer dem inneren Schweinehund.

Neben der Finnbahn befindet sich die Trimm-dich-Station. Hier kann man die Muskulatur nach Lust und Laune (und Power) stählen. Liegestütze, Trizeps-Dips, Klimmzüge, Bauch-

Auf der gelenkschonenden Finnbahn läuft es sich fast wie auf Wolken.

muskulaturtraining, Balanceübungen, Stretching, Ausfallschritte, Kniebeuge und, und, und. Tipp für Ambitionierte: ein Fitnessband mitbringen, um weitere Übungen an den Stangen durchführen zu können. Für Radfahrer bietet der Bürgerpark mit seinem 14 Kilometer langen Radwegenetz Platz für ausgedehnte Runden. Und: Wer im Sommer trainiert und noch eine kurze Schwimmeinheit einbauen möchte, joggt oder radelt nach dem Training zum nahe gelegenen Unisee.

**FAZIT: BEIM WORKOUT AN DER FRISCHEN LUFT KOMMT MAN INS SCHWITZEN UND TANKT POSITIVE ENERGIE.**

**Hin & weg:** Haltestelle Kulenkampfallee (Straßenbahn Linie 8). Ansonsten mit dem Fahrrad, spart auch das Aufwärmen.

**Dauer:** 1–2 Std.

**Beste Zeit:** Frühling bis Herbst.

**Ausrüstung:** Sportkleidung, Laufschuhe, etwas zu trinken.

# KUNST-STUNDE

›› ... neue Perspektiven in den Wallanlagen ‹‹

Wer liebt sie nicht, die Wallanlagen? Hohe Bäume, die romantische Mühle, vergnügte Enten auf dem See. Doch das hier auch jede Menge Kunst steht, übersehen wohl die meisten. Bei einem kunsthistorischen Rundgang entdeckt man darum die Wallanlagen ganz neu.

#istdasKunst?   #neueAnsichten   #BremerGeschichten

Dem ehemaligen Bürgermeister Wilhelm Kaisen hätte sein Denkmal unter den Kastanien sicher gefallen.

→ ABSTECHER

Am Wall-Info-Center treffen sich die Kunstinteressierten. Dieter Begemann, Kunsthistoriker und freier Künstler, grüßt fröhlich. Er bietet die kostenlosen geführten Rundgänge durch die Wallanlagen regelmäßig an. Obwohl jeder Bremer die Wallanlagen wohl schon unzählige Male durchquert hat, fallen sie dem nichtkundigen Besucher kaum auf: Denkmäler und Skulpturen, die Bremer Geschichte in den öffentlichen Raum rücken.

Der erste Stopp ist dann direkt bei einem Bremer Wahrzeichen: der imposanten Kaffeemühle. Doch um diese geht es gar nicht, sondern um den Rehbrunnen, der direkt neben der Mühle steht. Verrückt, wenn man ihn als Bremer jetzt erst das erste Mal wahrnimmt. Stand der immer da? Nun ja, seit 1933 schon. Gewidmet sind die Bronzefiguren dem ehemaligen Bremer Bürgermeister Hildebrand, der sich vor allem für die Wohlfahrt einsetzte.

Nur wenige Meter weiter wartet eine weitere Bremer Persönlichkeit: Wilhelm Kaisen. Statt auf einem Sockel steht er mit beiden Beinen auf dem Boden. Hanseatische Bodenständigkeit eben. Die Künstlerin Christa Baumgärtel erschuf 2012 das Ensemble, welches an den Wiederaufbau Bremens nach dem Zweiten Weltkrieg durch Kaisen erinnert. Weiter geht der Rundgang zu einem Monument ganz anderer Art: einer riesigen Prunkvase von 1856. Was auf den ersten Blick an die griechische Antike erinnert, stellt einen Bremer Brauch dar. Auf dem Relief ist der Klosterochsenumzug dargestellt, der bis 1871 zum Freimarkt stattfand. Wer genau hinsieht, entdeckt sogar den Bremer Schlüssel auf der Vase.

Nun wird es modern. Direkt vor dem Eingang zur Bischofsnadel rennt ein Mann förmlich gegen die Wand. »Das Ende« ist der Titel der Bronzefigur, die vom Bremer Kunstprofessor Bernd Altenstein erschaffen wurde. Kunst im öffentlichen Raum ist nicht nur Witterungsbedingungen ausgesetzt, sondern auch Schmierereien. Hier hat sich jemand allerdings mit dem Kunstwerk auf humorvolle Weise befasst: »Mit Brille wäre das nicht passiert«, steht da. Ob das also eine Erweiterung des Kunstwerkes ist? Stoff zum Diskutieren allemal.

Den Abschluss der Tour, auf der noch weitere Stopps eingelegt werden, bildet das Heinrich-Wilhelm-Olbers-Denkmal. Die Marmorfigur zeigt den Bremer Arzt und Astronom interessanterweise in Anzug und Toga. Was der Bildhauer Steinhäuser sich dabei wohl gedacht hat? Nach 1,5 Stunden endet die Tour, aber zu entdecken gibt es noch viel mehr.

Nur nicht rot werden beim Hinsehen. »Der Rosselenker« heißt dieser muskulöse junge Mann, erschaffen vom Berliner Bildhauer Louis Tuaillon im Jahr 1902.

Praktisch: Auf der Website www.kunst-im-oeffentlichen-raum-bremen.de findet man Standorte von Kunstwerken samt Beschreibung. Einfach eine Tour zusammenstellen und die Stadt neu auf eigene Faust erkunden.

**FAZIT: BEI EINEM KUNSTHISTORISCHEN RUNDGANG ENTDECKT MAN BEKANNTES MIT NEUEN AUGEN.**

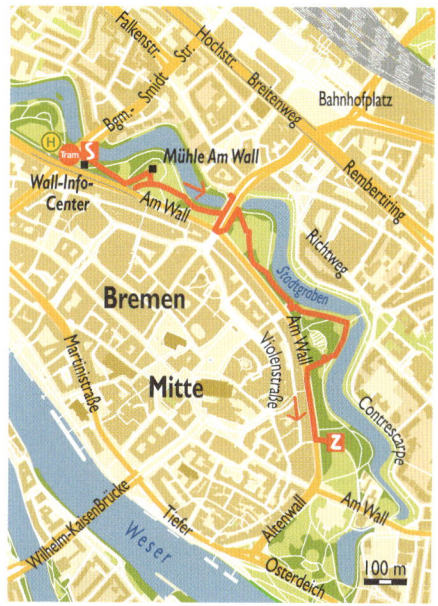

**Hin & weg:** Haltestelle Am Wall (Straßenbahn Linie 1, Bus 26 und 27).

**Dauer & Strecke:** 2 km, 1,5–2 Std.

**Beste Zeit:** Termine unter www.umweltbetrieb-bremen.de in der Rubrik Veranstaltungen.

**Ausrüstung:** Keine.

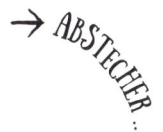# → ABSTECHER

# STRAND-
# LEBEN

 ... an der Weser in Rablinghausen

**#6**

*Kleine Fluchten auf Bremisch: an der Weser chillen, den Möwen lauschen, vorbeifahrende Boote zählen. Während es am Osterdeich brummt, finden Sonnenhungrige am Naturbadestrand in Rablinghausen sommerliche Ruhe.*

#Weserliebe #Beachtime #Ruheoase

Sonne tanken, die Füße in der Weser abkühlen und dann ein lokales Feierabendbier genießen, fertig ist der Miniurlaub mitten in der Stadt.

Alle Mann an Deck! Die Pusdorp ist klein, aber oho. Erst mal oben Platz nehmen und den Fahrtwind genießen. Auf der Weserfähre kommt man so richtig runter und vor allem in Urlaubsstimmung. Das 20,22 Meter lange Fahrgastschiff wurde 1954 auf der Papewerft in Rönnebeck gebaut und hüpft auch nach über einem halben Jahrhundert robust über die seichten Weserwellen.

Am Lankenauer Höft geht es an Land. Markant steht hier der Radarturm, dessen Erdgeschoss für Gastronomie und kulturelle Veranstaltungen genutzt wird. Das Lankenauer Höft ist eine Landzunge und als solche eher abgeschieden. Von hier aus sind es rund anderthalb Kilometer zu Fuß bis zum Weseruferpark Rablinghausen. Der Weg führt immer an der Weser entlang, mit jedem Schritt wird der Puls ruhiger.

Dann zeigt er sich: der 300 Meter lange Sandstrand. Hier ein ruhiges Fleckchen zu finden ist ein Leichtes. Wenn man mit Kind und Kegel unterwegs ist, bietet sich der Sandstrand auch für ein Picknick an. Kleine Wasserratten werden ihre Freude beim Sandburgenbauen haben. Oder beim Sammeln von Steinen am flachen Ufer.

Abkühlung im erfrischenden Nass gefällig? Dann geht nichts über ein paar Bahnen in der Weser. Der Strand in Rablinghausen ist seit 2009 als Badestrand freigegeben. Schwimmer sollten dennoch nicht zu weit in die Weser hineinschwimmen, denn die Strömung kann sehr stark sein.

Vom Ufer aus genießt man übrigens eine hervorragende Sicht auf die Überseestadt, die gegenüber auf der anderen Weserseite liegt. Der neu-

este Stadtteil Bremens entwickelt sich seit den 2000er-Jahren zu einem modernen Wohn- und Büroquartier. Boote tuckern gemächlich über die Weser, ein paar Möwen fliegen vorbei. So nah und doch so fern ist die Stadt hier.

**FAZIT: OB EINE RUNDE SCHWIMMEN, SONNEN ODER RUHIGER SPAZIERGANG: AM NATURBADESTRAND WIRD MAN FÜNDIG.**

**Hin & weg:** Chillig ist eine kleine Bootsfahrt mit der Weserfähre Pusdorp (pendelt an Wochenenden zwischen April und Oktober von Pier 2 zum Molenturm Überseestadt und zur Lankenauer Höft (Fährzeiten unter www.weserfähre-bremen.de). Alternativ mit der Buslinie 24 bis zur Haltestelle Rablinghausen. Der Strand in Rablinghausen ist auch ein schönes Ziel für eine kleine Fahrradtour. Ab Neustadt etwa 4 km.

**Dauer:** 2–3 Std.

**Beste Zeit:** Sommer.

**Ausrüstung:** Badehandtuch, Badebekleidung, Wasserschuhe (Steine im Fluss), eventuell Snack und Getränke.

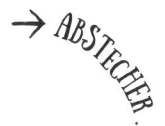

# FRISCH-
# LUFT-
# GENUSS

... am Waller Feldmarksee

*Ob Pärchenabend oder Ausflug mit Freunden, bei einem Picknick im Freien wird jedem wohlig warm ums Herz. Das Fingerfood ist schnell eingepackt, mit der Decke auf dem Gepäckträger geht's an den See. Guten Appetit!*

#Picknick #draußenschmecktsbesser #Seeluft

Draußen schmeckt es einfach besser, das hat man schon in Kindheitstagen gemerkt. Warum also nicht spontan das Abendbrot an die frische Luft verlegen?

Der Magen knurrt schon, aber zuerst muss ein geeignetes Plätzchen her. Am Waller Feldmarksee hat man viel Auswahl für ein gemütliches Picknick: Da wären die breiten Wiesen entlang des Fußweges, der einmal um den See führt. Dann natürlich noch der Strand am nordwestlichen Ufer. Oder eine der romantischen kleinen Buchten rund um den See.

Der Waller Feldmarksee bietet mit einer Größe von rund zwölf Hektar ordentlich Platz zum Schwimmen. Im Sommer tummeln sich die meisten Menschen am weißen Sandstrand, wo es auch einen abgegrenzten Nichtschwimmerbereich, einen Spielplatz und Sanitäranlagen gibt. Auch wer nicht nass werden möchte, findet hier reichlich Raum zum Spazierengehen oder Radfahren. Und eben auch für ein Picknick. Entstanden ist der Waller Feldmarksee übrigens in den 1970er-Jahren. Hier wurde Sand für den Autobahnbau entnommen. Heute wird der Baggersee aus Grundwasser gespeist, die Wasserqualität ist gut und wird regelmäßig überprüft.

Nach einem kurzen Spaziergang – die gesamte Runde um den See beträgt etwa 2,5 Kilometer – ist er nun gefunden: der perfekte Picknickplatz! Was ihn auszeichnet? Nun, eine herrliche Aussicht auf das Wasser, das durch das sanfte Abendlicht in ein warmes Orange getaucht wird. Die Sonne scheint hier auch noch am späten Nachmittag, sodass man sich genug Zeit beim Schlemmen lassen kann. Am Horizont rotieren die Windräder, ansonsten huschen nur ein paar Enten vorbei. Ganz schön romantisch.

Rasch ist die Decke ausgebreitet, Käse findet seinen Platz neben Weintrauben, Salami ge-

sellt sich zu Tomaten, Oliven tun sich mit Feigen zusammen. Dazu ein Glas Wein und ein paar Scheiben saftiges Graubrot. Dann wird gespeist, bis die Dämmerung einbricht. Hach, ist das Leben schön.

**FAZIT: DA SCHMECKT DAS ABENDESSEN GLEICH VIEL BESSER. DRAUSSEN, MIT BLICK AUF DEN SEE, UNTER FREIEM HIMMEL.**

**Hin & weg:** Am besten gelangt man mit dem Fahrrad zum Waller Feldmarksee. Alternativ gibt es auch einen Parkplatz. Nächstgelegene Haltestelle ist Waller Straße (Straßenbahn Linie 2 und 10). Von hier aus sind es allerdings noch 2,5 km zu Fuß.

**Dauer:** 2 Std.

**Beste Zeit:** Sommer bis Herbst, solange es warm und trocken ist.

**Ausrüstung:** Decke, Picknick, Badebekleidung.

# DEICH-KIEKER

... mit dem Fahrrad durchs Werderland

**#8**

*Idyllisch eingebettet zwischen Lesum und Weser liegt das Werderland. Weitblick, saftige Wiesen, Schäfchenwolken, hier und da ein altes Bauernhaus. Auf dieser Radtour fühlt sich die Stadt Welten entfernt an.*

#Deichrunde #zwischenzweiWassern #Landlust #Grünweiß

Das Sperrwerk an der Lesum dient dem Hochwasserschutz und als Brückenverbindung zwischen Grohn und dem Werderland.

→ ABSTECHER...

Vom Bahnhof Burg aus sind es nur wenige Minuten bis zur Lesumbrücke. Hinter ihr beginnt der Deich. Hinauf und hinein in eine entschleunigte Welt! Segelboote schaukeln gemütlich auf der Lesum, die hier in die Weser mündet. Das Lesumer Sperrwerk aus dem Jahr 1974 dient nicht nur dem Hochwasserschutz, sondern auch als Brücke nach Grohn.

Doch jetzt geht es erst richtig hinein ins Werderland, das 331 Hektar große Naturschutzgebiet im Bremer Norden.

Hinter dem Sperrwerk geht der Weg nun unterhalb des Deiches in Richtung Niederbüren weiter, doch er bleibt aussichtsreich. Der landschaftliche Kontrast könnte kaum größer sein:

Am Horizont zeichnen sich die Schornsteine der Stahlwerke ab, während im Vordergrund Kühe und Schafe friedlich auf ihren Wiesen und Weiden grasen.

Die Ortschaft Niederbüren wurde erstmals im 14. Jahrhundert erwähnt. Ganz so alt sind die mit Reetdach gedeckten Bauernhöfe zwar nicht, aber dennoch scheint die Zeit hier ste-

Spannender Kontrast: dörfliche Ruhe, am Horizont die Industrieschornsteine des Stahlwerks aus den 1950er-Jahren, drumherum moderne Windräder.

hen geblieben zu sein. Ein paar gackernde Hühner schauen neugierig herüber, ein Schulkind radelt vorbei, ja hier ist die Welt noch in Ordnung. Zeit für ein kurzes Päuschen, dafür am besten einmal hinauf auf den Weserdeich und drüberkieken.

Die 1847 erbaute Moorlose Kirche markiert den Wendepunkt der Tour. Kleine Stärkung gefällig? Im Restaurant und Sommergarten der Moorlosen Kirche gibt es einen wechselnden Mittagstisch oder auch Kaffee und Kuchen (www.an-der-moorlosen-kirche.de).

Nun führt der Rundweg quer durch die Wiesen- und Marschlandschaft des Werderlands. Die Ilsenburger Hütte bietet nochmals einen hervorragenden Weitblick über die Wiesen.

Von hier aus sind es nur noch wenige Kilometer zum Dunger See, wo man mit Glück Kormorane und Silberreiher beobachten kann. Dann geht es wieder auf die Lesumbroker Landstraße und zurück zum Bahnhof Burg.

**FAZIT: AUSSICHTSREICHE FAHRRADTOUR ZWISCHEN LESUM UND WESER DURCH DAS NATURSCHUTZGEBIET WERDERLAND.**

**Hin & weg:** Bahnhof Bremen Burg (RS1 und RS2), Fahrradmitnahme möglich.

**Dauer & Strecke:** 18 km, circa 3–4 Std.

**Beste Zeit:** Ganzjährig schön.

**Ausrüstung:** Fahrrad.

# AU, WIE SCHÖN!

... zu Fuß durch das Schönebecker Auetal

Dörfliche Atmosphäre samt Kühen und Pferden, mittendrin sogar ein Schloss – all das erkundet man bei einer vergnüglichen Runde im Schönebecker Auetal. Perfekt für eine sommerliche Feierabendrunde, um dem Alltag ins Grüne zu entfliehen.

#grüneAue  #Schloss  #Dorffeeling

Das Schönebecker Schloss von 1640 ist heute ein beliebter Ort für standesamtliche Trauungen.

Am Vegesacker Bahnhof verrät nichts, dass sich nur einen Kilometer entfernt ein Kleinod auftut. Versteckt neben dem türkischen Restaurant beginnt der Warnemünder Weg, der an der Schönebecker Aue, einem 18 Kilometer langen Geestbach, entlangführt. Die Autobahnunterführung ist die Trennlinie zum beschaulichen Auetal – über eine Brücke tritt man in eine grüne Oase ein. Hoch oben schützen die Baumkronen vor der Sonne, die Aue plätschert fröhlich dahin. Dann plötzlich dörfliche Idylle: Auf dem Krümpel heißt diese hübsche Straße, in der gepflegte Häuser samt farbenprächtiger Gärten stehen.

Nur wenige Meter, und das Landleben ist perfekt: Im Landschaftsschutzgebiet des Schönebecker Auetals grasen Kühe und Pferde auf weiten Wiesen. Am frühen Abend zwitschern die vielen Vögel um die Wette, die Stadt ist nun vergessen. Der Weg führt vorbei am barocken Schönebecker Wasserschloss, das heute ein Museum beherbergt. Hinter dem Schloss führt der Weg nun über Wiesen, vorbei an blühenden Hagebuttensträuchern. Doch damit nicht genug: Darf es noch in den Wald gehen? Immer dem Vogelgezwitscher nach, führt der Weg nun in ein Wäldchen hinein. Rotkehlchen trällern ihr Lied, ein Eichhörnchen schaut neugierig vom Baum herab. Hier lohnt es sich, eine kleine Extrarunde durch den Horst, wie die Waldabschnitte hier genannt werden, einzulegen. Kurz stehen bleiben, innehalten und lauschen: Tock, Tock, Tock. Ein Buntspecht ist bereits fleißig beim Abendessen.

Hinaus führt der Weg wieder über eine Wiesenlandschaft. Doch auch hier gibt es Farb-

Dem Plätschern der Aue zu lauschen wirkt beruhigend oder mehr noch, geradezu medititativ.

akzente zu sehen: Gelbe Schwertlilien blühen zwischen Mai und Juni, sie säumen das Ufer der Aue. Zum Abschied geht es noch einmal durch das Auetal. Beseelt von der Ruhe, schweift der Blick nun viel entspannter über die Landschaft, die zum Feierabend noch einen kleinen Glücksboten sendet: Oder was möchte der Marienkäfer sonst sagen?

**FAZIT: AUF DIESER ABWECHSLUNGSREICHEN TOUR DURCH DAS SCHÖNEBECKER AUETAL GIBT ES LANDLEBEN LIGHT FÜR STADTMENSCHEN.**

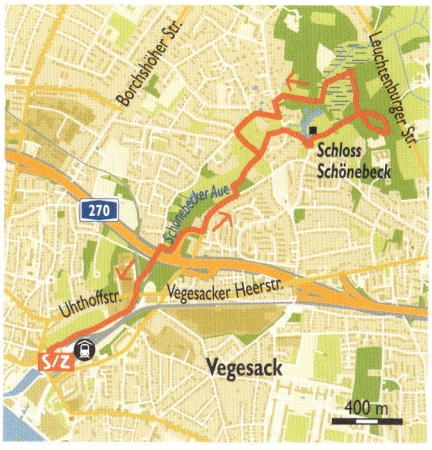

**Hin & weg:** Mit der RS1 bis Bahnhof Vegesack.

**Dauer & Strecke:** 6 km, circa 2 Std.

**Beste Zeit:** Vor allem im Sommer, aber auch ganzjährig schön.

**Ausrüstung:** Bequeme Schuhe, lange Kleidung (Achtung: Zecken im Gras).

 → ABSTECHER...

# SPUREN-SUCHE

≥ ... auf dem Waller Friedhof ≤

**#10**

*Eine Eskapade auf einem Friedhof? Klingt merkwürdig, doch der Waller Friedhof ist keine gewöhnliche Ruhestätte. Angelegt wie ein Park, wandelt man hier bei einer geführten Tour durch Lindenalleen, vorbei an imposanten Gruften und erfährt dabei viel Wissenswertes über Bremer Persönlichkeiten.*

#BremerGeschichten  #Baumriesen  #Kultureskapade

Am Haupteingang des Waller Friedhofs wartet bereits das Grüppchen auf den Guide des Bremer Umweltbetriebs. Heute wird Stadtgeschichte erkundet – nicht im Museum oder einem Archiv, sondern da, wo man sie auf den ersten Blick gar nicht vermutet.

Die kostenlosen geführten Rundgänge über den Waller Friedhof bietet der Bremer Umweltbetrieb an (Termine unter www.umweltbetrieb-bremen.de). Der kundige Guide zückt zuerst einen Friedhofsplan. Tatsächlich, man erkennt direkt die verschiedenen Entstehungsphasen des Friedhofes an der Architektur. Im Zentrum, wo die Tour startet, befindet sich die gerade Lindenallee, in der auch heute noch stattliche Linden stehen. Zwischen 1872 und 1875 schuf der Architekt Carl Jancke den Waller Friedhof. Zehn Jahre später erweiterte der Gartenarchitekt Wilhelm Benque, der auch den Bremer Bürgerpark gestaltete, den Friedhof. Unter einem Baumriesen erhielt er selbst seine letzte Ruhestätte.

Auf knapp 29 Hektar befinden sich auf dem Friedhof unzählige, teilweise uralte Bäume. Ein Eichhörnchen huscht vorbei, während der Guide auf die 250 Jahre alte Eibe hinweist. Sie steht unweit des Denkmals an die Bremer Räterepublik, die 1919 niedergeschlagen wurde. Schattige Plätzchen zum Innehalten gibt es genug, dazwischen Seen und Eichen, Linden, Rotbuchen. Ein besonders hübscher Baum ist der Trompetenbaum, dessen weiße Blüten im Juni und Juli ihre volle Pracht zeigen.

Kein Wunder, dass sich namhafte Kaufmannsfamilien für eine Familiengruft auf dem Waller Friedhof entschieden. Die gotische Anlage der Familie Nielsen fällt direkt ins Auge und erin-

Vom opulenten gotischen Grab der Kaufmannsfamilie Nielsen fühlt man sich an den bekannten Pariser Friedhof Père Lachaise erinnert.

nert mit ihren Türmen und den Figuren an eine Minikirche. So richtig herrschaftlich ist das Mausoleum Knoop, welches oberhalb eines Sees steht. Das neogotische Bauwerk wurde 1880 vollendet und für den Bremer Kaufmann Baron Ludwig Knoop erbaut.

Gespannt lauscht die Gruppe den Erzählungen des Guides, und die vielen interessierten Fragen der Teilnehmer zeigen: Bei einem Rundgang über den Waller Friedhof wird Stadtgeschichte lebendig.

**FAZIT: AUF DEM WALLER FRIEDHOF BEGIBT MAN SICH AUF EINE ENTDECKUNGSREISE DURCH DIE BREMER STADTGESCHICHTE.**

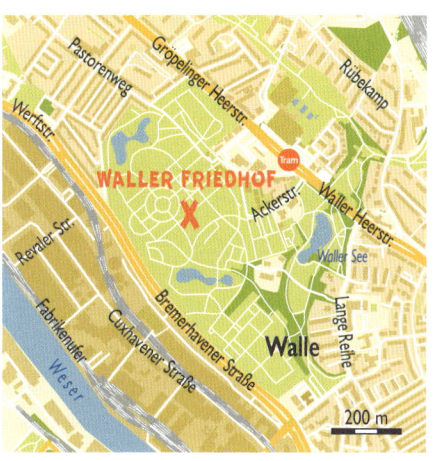

**Hin & weg:** Straßenbahn Linie 2 und 10, Haltestelle Waller Friedhof.

**Dauer:** 1,5–2 Std.

**Beste Zeit:** Frühjahr, Herbst.

**Ausrüstung:** Witterungsangepasste Bekleidung.

# TIERISCHES VERGNÜGEN

 ... auf der Stadtteilfarm in Huchting

### #11

Von A wie Alpaka bis Z wie Ziege: Die Stadtteilfarm ist die Gelegenheit, ganzjährig Landluft zu schnuppern. Familien finden hier ein buntes Programm für Groß und Klein: Pferde pflegen, mit den Eseln spazieren gehen oder Schafe kraulen. Mitmachen unbedingt erwünscht.

#Farm  #Tierliebe  #Bauernhof  #Familytime

Say cheeeese – wer von einem Alpaka angelächelt wird, muss direkt selber grinsen.

→ ABSTECHER

Der Esel eilt schon herbei, um sich seine Streicheleinheit abzuholen. Wie weich die Ohren sind! Natürlich erhofft er sich ein Leckerli, das er auch bekommen soll. Gut, dass die Schuhe Dreck vertragen können, denn hier auf der Stadtteilfarm kommt man den tierischen Bewohnern ganz nah – heißt, man stapft schon mal durch den Schlamm.

Seit Anfang der 1990er-Jahre befindet sich am Sodenmattsee in Huchting die Stadtteilfarm (www.stadtteilfarm.de). Mittlerweile leben hier Esel, Ziegen, Alpakas, Schafe, Minischweine, Pferde und Ponys, Hühner und Gänse. Vor allem für Familien gibt es hier jede Menge zu entdecken, denn man darf den Tieren ganz nah kommen. Beim Füttern und

Anpacken ist hier erwünscht. Familiennachmittage, Farmfeste und Ferienprogramm machen die Stadtteilfarm zu einem lebendigen Ort.

Ausmisten beispielsweise. Auch die Gemeinschaft ist wichtig: bei einer Tasse Tee klönen, gemeinsam kochen oder basteln, das Miteinander wird großgeschrieben. Echtes Landleben eben!

Ein gemütlicher Geselle ist auch das Minischwein, das gemächlich um die Ecke biegt. Da sind die Alpakas schon etwas agiler auf ihrer Weide unterwegs. Neugierig beäugen sie die Ziegen, die vorbeispazieren und an den

Brombeerbüschen naschen. Dass auch die Tiere ihren eigenen Charakter haben, merkt man schnell. Manche Ziegen gehen frech voran, andere wollen schmusen. Echte Kuschelziegen quasi.

Weiter geht der Rundgang zur Obstbaumwiese, wo sich die Hühner eingerichtet haben. Berta, das Riesenhuhn, lässt sich sogar streicheln, wenn sie gut gelaunt ist. Im Hintergrund blökt die Schafherde schon, auch hier möchte man nämlich gestreichelt und gefüttert werden.

Als Stadtmensch mal kurz raus aufs Land, zum Anpacken beim Gärtnern oder der Tierpflege – dafür muss man gar nicht weit rausfahren. Weitere Adressen in Bremen: die Erlebnisfarm Ohlenhof (www.ohlenhof.de) in Gröpelingen und die Jugendfarm (www.jugendfarm-bremen.de) in Habenhausen, in der auch Kurse angeboten werden (beispielsweise ein Bienenschnupperkurs oder ein Hochbeet bauen).

**FAZIT: TIERE SIND DIE BESTEN ENTSPANNUNGSTRAINER DER WELT. ESEL KRAULEN UND WOHLFÜHLEN.**

Hin & weg: Straßenbahn Linie 1 bis Roland Center. Dann mit dem Bus 57 oder 58 bis Haltestelle Sodenmattsee in Huchting.

Dauer: 1–2 Std.

Beste Zeit: Ganzjährig.

Ausrüstung: Schuhe, die auch dreckig werden dürfen.

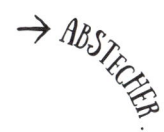

# QUICKIE MIT DEM FAHRRAD

... im Park links der Weser

**#12**

Im Park links der Weser fühlen sich nicht nur Wildgänse wohl: Auch Radfahrer schätzen den kilometerlangen Deichweg, auf dem man ungestört an der Ochtum entlangfährt. Besonders große »Vögel« lassen sich hier auch beobachten, denn der Bremer Flughafen grenzt an den Park.

#Plainspotting  #Radtour  #Wildgänse  #Ochtum

Wo Wildenten glücklich sind, sind wir Menschen es auch. Vor allem beim Radeln im weiten Land mit solch einem idyllischen Fernblick.

Direkt vor der Straßenbahnhaltestelle beginnt eine andere Welt. Grün, weit und voller Leben. Störche rasten hier, Wildenten, Gänse, Kühe und Pferde. Menschen sausen meist auf zwei Rädern entlang. Zu schnell sollte man aber nicht fahren, wie sonst soll man einen quakenden Frosch im Graben entdecken?

Bevor es auf den Deich hinauf geht lohnt eine kleine Extrarunde durch das Naherholungsgebiet. Immer am Graben entlang, führt der gepflasterte Achterfeldweg vorbei an hohen Wiesen. Am Grabenufer blühen Wildblumen, was auch ein paar eifrige Libellen anzieht. Dass sich zwischen Huchting, Stuhr und Grolland eine grüne Lunge befindet, verdanken die Bremer engagierten Mitbürgern. Im Jahr 1967 schlossen sich einige Naturfreunde zusammen und gründeten den Verein Park links der Weser. Mittlerweile schützen und unterstützen knapp 1500 Vereinsmitglieder das 239 Hektar große Naherholungsgebiet.

Über den Heulandsweg geht es wieder zur Ochtum. Auf dem Schotterweg fährt man so gemütlich, dass man auch die vielen Kühe und Pferde in Ruhe beobachten kann. Am Deich angekommen, geht es über nun wieder astreinen Untergrund immer gen Himmel. Himmel? Jawoll, denn vom Ochtumdeich unweit des Flughafens hat man beste Sicht auf landende und startende Flugzeuge. Wer kurz auf einer der Bänke rastet, kann auch auf dem Wasser Action beobachten, denn Ruderer ziehen auf der Ochtum ihre Runden. Wieder aufgesattelt? Dann geht es flugs über die Brücke der Kladdinger Straße auf die andere Ochtumseite. Mit der Ochtum schlängelt sich der Deichweg nun

wieder in Richtung Grolland. Ein wenig Puste ist noch über – also einmal unter der B75 hindurchradeln und bis zum Wardamm genussvoll in die Pedale treten. Hier überquert man die Ochtum erneut, um auf der anderen Seite wieder zum Ausgangspunkt zurückzufahren.

**FAZIT: EINFACH AUFS RAD SCHWINGEN, UNGESTÖRT AUF DEM DEICH FAHREN UND DEN BLICK ÜBER DIE OCHTUM GENIESSEN.**

Hin & weg: Straßenbahn Linie 1 und Linie 8 bis Haltestelle Norderländer Straße.

Dauer & Strecke: 9 km, 1,5 Std.

Beste Zeit: Ganzjährig schön.

Ausrüstung: Fahrrad.

# KARIBIK-FEELING

 ... chillen in der Kompletten Palette

Hineinspaziert in die wundersame Welt der Kompletten Palette im Hemelinger Sporthafen. Piraten und Glücksritter, Feen und Drachen ziehen in den Sommermonaten an die Weser. Gebaut aus Europaletten, findet man es hier wahrhaftig: das kleine Paradies.

#MarkeEigenbau #Europaletten #abwesern #Beachclubmalanders

Kleiner Ort, großes Glück – im Beachclub der etwas anderen Art taucht man in eine neue Welt ein.

→ ABSTECHER

Chillige Musik liegt in der Luft, in der Ferne hört man schon das Lachen einiger Menschen. Rundherum: Industriegebiet. Hafenatmosphäre. Nur das Schild verrät, dass sich nach wenigen Metern eine neue Welt auftut.

Also geschwind die Räder anschließen und dem Trampelpfad durch das hohe Gras folgen. Zwei überdimensionale Drachen bewachen den Eingang ins Paradies, aber die sind zum Glück zahme Gesellen.

Mitmachen erwünscht: Beim Auf- und Abbau der Kompletten Palette darf jeder anpacken.

Und nun: Staunen. Kunst trifft auf Kultur trifft auf Beachclub. Willkommen in der Kompletten Palette. Seit 2016 verwandelt Initiator Immo Wischhusen samt treuer Helfer im Frühjahr den Hemelinger Sporthafen in die Komplette Palette, mit Spielmöglichkeiten für Kinder, Bühne und Bar. Marke: Eigenbau!

Aus Europaletten werden hier fabelhafte Wesen geschaffen, sodass man sich direkt wie in einer Fantasiewelt fühlt. Ist man etwa Alice ins Wunderland gefolgt? Könnte man meinen, wo sonst trifft man auf eine überdimensionale Ananas, Piraten, einen Gorilla und Drachenköpfe. Bodenständig sind dagegen die gemütlichen Sitzecken und Liegestühle, die direkt zum Abchillen einladen. Premium-Weserblick inklusive, das versteht sich von selbst. Nun aber ein Feierabendbier.

Abkühlung und Süßes offeriert die Strandbar Barlette. Einen kleinen Plausch mit dem Barmann gibt's gratis dazu. Hat man seine Palette mit Weserblick gefunden, möchte man eigentlich gar nicht mehr aufstehen. Segelboote ziehen vorüber, auf der Badeinsel wird gefeixt, Kinder bauen vergnügt eine Sandburg.

Hin & weg: Am besten mit dem Fahrrad hinfahren, ab Weserwehr sind es etwa 10 Min. Mit ÖPNV bis Bahnhof Hemelingen, ab dort sind es 30 Min. zu Fuß. Parken ist im Hemelinger Hafendamm möglich.

Dauer: 2 Std.

Beste Zeit: Sommer. Die Komplette Palette wird im Frühsommer aufgebaut und steht dann bis September (genaue Daten gibt es unter www.dkp.online).

Ausrüstung: Badebekleidung und Handtuch.

Die Barlette – die wahrscheinlich coolste Beachbar an der Weser.

Also einfach Schuhe ausziehen und ein kleines Fußbad in der Weser nehmen oder am besten direkt ein paar Bahnen im Wasser ziehen. Dann noch mal aufwärmen in den letzten Sonnenstrahlen des Tages. Es folgt: ein spektakulärer Sonnenuntergang mit musikalischer Untermalung.

**FAZIT: DIE KOMPLETTE PALETTE IST EIN BISSCHEN VERRÜCKT UND IM WAHRSTEN SINNE FANTASTISCH. BESSER »ABWESERN« GEHT NICHT.**

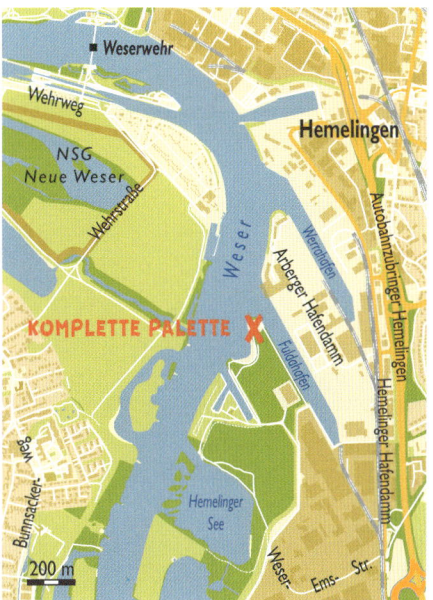

→ ABSTECHER

# SUP-ER AUSSICHT

≥ ... beim Stand-up-Paddeln auf dem Werdersee ≤

## #14

Wer das Wasser liebt und einen Hauch von Hawaii an der Weser sucht, wird beim Stand-up-Paddeln fündig. Purer Anfänger? Dann ist ein Einsteigerkurs bei Ins Blaue am Werdersee genau richtig. Also, rein in die Badesachen und rauf aufs Brett.

#SUP  #Werderseemalanders  #Wasserfun

Klappt doch schon ganz gut dank Einsteigerkurs. SUP-Erfahrene können auch nur das Equipment leihen.

Stehpaddel-Newbies erhalten bei Ins Blaue erst mal eine kurze Einführung. Denn was an Land ein Leichtes ist, wird auf dem Wasser eine wackelige Angelegenheit. Auf beiden Beinen stehen zum Beispiel. Auch wenn der Werdersee schon von den ersten Sommertagen aufgewärmt ist, möchte man ja auf dem Brett stehen – für die Paddelehre.

Ob das angesagte Stand-up-Paddeln (kurz SUP) nun dem Wellenreiten oder dem Kanusport zuzuordnen ist, wird in der Szene heiß diskutiert. In Deutschland wird der Trendsport durch die German Stand Up Paddle Association vertreten, der sowohl der Deutsche Kanuverband als auch der Deutsche Wellenreitverband angehören.

Die Ursprünge des SUP finden sich in tropischen Gefilden: In den 1950er-Jahren boomte der Surfsport auf Hawaii. Touristen schwärmten an die hawaiianischen Küsten, um surfen zu lernen. Damals gab es zwar noch kein Instagram, trotzdem wollten die Menschen einen fotografischen Beweis ihrer sportlichen Errungenschaft. Dafür paddelten Surflehrer stehend auf die Wellen hinaus, um Fotos ihrer Schüler zu machen. Der charmante Name Beach Boy Surfen war geboren.

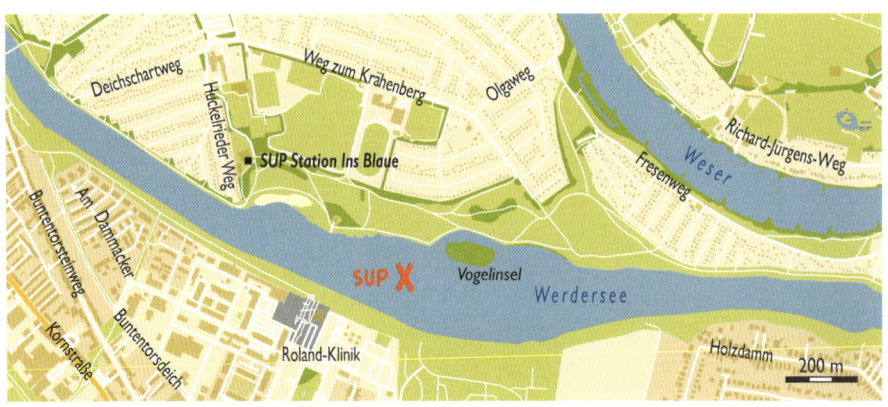

Ein kurzes Päuschen auf dem Wasser muss auch mal sein, so kann man das Treiben am Werderseeufer entspannt beobachten.

Nun aber ab aufs Wasser oder besser: auf die Bretter. Über einen Steg geht es auf den Werdersee, Brett rein ins Wasser und vorsichtig auf den Knien rauf aufs Board. Kurz rauspaddeln und nun ab auf die Füße. Erhaben steht man nun auf dem Werdersee, den man eigentlich schon Hunderte Male gesehen hat. Aber eben nicht aus dieser Perspektive. Von hier aus wirken die Fahrradfahrer, Jogger und Picknicker am Ufer ganz klein und meilenweit entfernt. Leicht vorbeugen, das »Kraftdreieck« zwischen Armen und Paddel formen, drauflospaddeln und genießen. Den Fahrtwind, die Ruhe, die Aussicht.

Tipp: Wenn eine steife Brise weht, sollte man zuerst dem Wind entgegenpaddeln. Denn auch wenn Stand-up-Paddeln easy aussieht, ist es für Beine, Arme und Rücken ein ordentliches Workout. Mit hohem Spaßfaktor: Hat man einmal den Dreh raus, gleitet das Board geschmeidig über den See, und man kann richtig Fahrt aufnehmen. Da könnten die Enten fast neidisch werden.

**FAZIT: STEHPADDELN MACHT NICHT NUR FIT, SONDERN AUCH JEDE MENGE SPAß. DABEI ENTDECKT MAN DEN WERDERSEE VON EINER GANZ NEUEN SEITE.**

Hin & weg: Straßenbahn Linie 4 bis Kirchweg, dann weiter zu Fuß bis zum Werdersee. Am einfachsten ist es, mit dem Fahrrad hinzufahren.

Dauer: 2 Std.

Beste Zeit: Sommer. Infos zu Kursen, Ausleih- und Öffnungszeiten unter www.ins-blaue.com

Ausrüstung: Badebekleidung und Sportkleidung, Handtuch, etwas zu trinken (keine Glasflasche).

# LILA LAUNE

→ ... bei der Heideblüte in Eispohl ←

Der August hat eine Farbe: Lila! Und um diese in ihren schönsten Ausprägungen zu sehen, muss man nur in den Bremer Norden fahren. In Blumenthal gibt es eine feine Heidefläche, die Naturfreunde und Hobbyfotografen gleichermaßen entzückt.

#Heidetraum  #Lilapink  #kleineWesen

Zur Heideblüte ist hier tierisch viel los.

Unscheinbar, der schmale Weg, der an einem Sportverein von der Turnerstraße abzweigt. Ein Schild weist darauf hin, dass hier ein Naturschutzgebiet beginnt. Und siehe da: Plötzlich schimmert es zwischen den Bäumen hindurch. Zartlila, Magenta, Dunkelviolett.

Erst mal einen Überblick verschaffen. Dafür eignet sich der Hügel, der sich direkt am Wegesrand befindet. Das Naturschutzgebiet Eispohl, Sandwehen und Heideweiher ist nur 35,5 Hektar groß, doch der Lebensraum zahlreicher Arten. Libellen, Heuschrecken, Spinnen woh-

Auf Neudeutsch würde man wohl sagen: Die Heide ist sehr instagrammable.

nen hier genauso wie Frösche und verschiedene Singvögel. Auch wer auf den ausgewiesenen Wanderwegen bleibt, merkt bei jedem Schritt, dass es raschelt, kreucht und fleucht.

Flach ist die Heide, doch sie wächst vornehmlich auf leicht hügeligen Flächen. Hoch, dann wieder runter, immer den sanft geschwungenen Wegen folgend. Anhalten und beobachten wird belohnt: Um eine flinke Libelle von Nahem zu betrachten, muss man schon ein wenig Geduld mitbringen. Auch fluffige Hummeln und Bienen lieben die Heideblüte und surren von Busch zu Busch. Hat jemand Angst vor Spinnen? Aus sicherer Distanz entdeckt man mit Glück eine Wespenspinne. Ihr Name lässt schon ahnen, wie sie aussieht. Gelb, weiß und schwarz gestreift, erscheint sie wie eine exotische Giftspinne, dabei ist sie für Menschen total ungefährlich.

Hobbyfotografen können sich hier austoben: Nahaufnahmen, Tierfotos, Landschaftsfotografien, dazu die Farbenpracht. Wie viele Lilatöne es wohl geben mag? Von Zwetschgenlila bis Pink ist hier alles vertreten. Man ist erstaunt, welch Artenvielfalt (zum Glück) auf einem solch kleinen Areal lebt und wächst.

**FAZIT: KLEINE, ABER FEINE HEIDEFLÄCHE IM BREMER NORDEN, DIE SICH IM AUGUST IN EIN LILA BLÜTENMEER VERWANDELT.**

**Hin & weg:** Ab Bremen Hbf mit der Regionalbahn RS1 bis Haltestelle Turnerstraße.

**Dauer & Strecke:** 1 Std., circa 2 km.

**Beste Zeit:** Zur Heideblüte im August.

**Ausrüstung:** Kamera.

→ ABSTECHER …

# AUS ALT MACH NEU!

≥ … Spaziergang um die Neue Weser ≤

**#16**

*Auf dem hintersten Zipfel des Stadtwerders geht es ruhig zu, abgesehen vom Vogelgezwitscher natürlich. Eingerahmt von der Weser, brüten und rasten Vögel auf den schimmernden Wiesen, die die Neue Weser umgeben. Hingehen, runterkommen, hurra.*

#Vogelzwitschern #Weserwehr #Stadtwerder #Weserinsel

Das Naturschutzgebiet Neue Weser kommt ganz harmonisch daher – im Frühjahr kehren Flussseeschwalben aus ihrem Winterquartier ein und brüten auf eigens angelegten kiesbedeckten Holzflößen. Auch die Brandgans und der Haubentaucher haben die Neue Weser als Brutplatz entdeckt. Hier ist die Stadt in weiter Ferne, denn auf dem knapp 35 Hektar großen Gebiet befinden sich nur Wiesen, Stillgewässer und Auengebüsche. Zwischen Weser und Wiesen ist die Welt in Ordnung.

Dabei ist dieses Naturidyll durch eine Katastrophe entstanden. 1981 strömten Wassermengen aus dem Harz und dem Weserbergland auf das alte Weserwehr. Ein kaputter Wehrkörper führte dazu, dass der Deich brach und ein großes Areal überflutet wurde. So entstanden neue Inseln, Ufer, Gewässer. Not macht erfinderisch und bringt in diesem Fall auch etwas ökologisch Sinnvolles: Seit 1988 steht die Neue Weser unter Naturschutz.

Die vier Kilometer kurze Miniwanderung führt über einen befestigten Weg und kann sowohl an der Erdbeerbrücke als auch am Weserwehr gestartet werden. Erdbeeren findet man hier zwar nicht mehr, aber der Name erinnert noch an die Erdbeerfelder im einst dörflichen Habenhausen. Spannend: Von der Weserwehrbrücke kann man Sportboote und dicke Pötte beim Passieren der Schleuse aus der Vogelperspektive beobachten.

Statt in die Wehrstraße einzubiegen lohnt es sich, bis ans Ende des Werraweges zu laufen. Segelschiffe liegen im kleinen Hafen des Oberweser Segelvereins, und in der Ahoi

Maritime Tradition trifft auf Industrie trifft auf Naherholungsgebiet. Eben typisch für die Hansestadt Bremen, viel Kontrast auf kleinem Raum.

Gaststätte gibt's eine Stärkung zum Feierabend. Weiter geht's dann entlang des Wedersees. Kurz in den Winterweg einzubiegen macht auch im Frühling, Sommer oder Herbst Freude. Hier befindet sich nämlich eine erhöhte Beobachtungsstation, wo das Fernglas zum Einsatz kommt. Geduldig sein, um Vögel beim Fischen zu erspähen. Alltagsstress, ade.

**FAZIT: ZWISCHEN WESER UND WIESEN RÜCKT DIE STADT IN WEITE FERNE, OBWOHL MAN MITTENDRIN IST. EIN NATURIDYLL AN DER WESER.**

**Hin & weg:** Mit der Straßenbahn Linie 3 bis Bremen Weserwehr.

**Dauer & Strecke:** Etwa 1–2 Std., 4 km.

**Beste Zeit:** Ganzjährig schön.

**Ausrüstung:** Fernglas für Vogelbeobachtung, evtl. Kamera.

# MOND-SÜCHTIG

=‹ ... nachts im Bürgerpark ›=

 Nachteulen und Mythenjäger aufgepasst, bei einer Vollmondtour geht es durch den Bürgerpark. Wo am Tag die Enten vergnügt quaken, gehen im Dunkeln flinke Fledermäuse auf Beutezug. Mondfaszinierte erfahren bei der Wanderung, was es mit der Kraft des Mondes auf sich hat.

#Nachtwanderung #LUNAtic #Bürgerparkmalanders

→ ABSTECHER

Unheimlich? Keineswegs!
Mit anderen Mondinteressierten
macht eine nächtliche Bürgerpark-
wanderung jede Menge Spaß.

Los geht's am Bürgerparkeingang Am Stern. Ein paar Jogger drehen in der Dämmerung noch ihre Runden, die letzten Gassigeher beenden ihren Abendspaziergang. Ungewohnt, jetzt, wo sich die Dunkelheit über den Park legt, aufzubrechen. Zum Glück ist man in guter Gesellschaft, denn mal ehrlich, ein wenig mulmig wird einem nachts im Park ja schon.

Der Bürgerpark ist Bremens größte Parkanlage, zusammen mit dem Stadtwald bildet er auf 200 Hektar die grüne Lunge der Hansestadt. Seine elegante und doch naturnahe Gestalt verdankt der Park dem eigensinnigen Landschaftsarchitekten Wilhelm Benque. Dieser scheiterte 1862 beim Wettbewerb für den Bau des Central Park in New York – ein Glück

Bei einer Nachtwanderung oder einem Wildkräuterspaziergang kann man den Bürgerpark aus einer neuen Perspektive entdecken.

für die Stadt an der Weser. Denn so erhielt Benque im Jahre 1866 den Zuschlag zur Gestaltung des Bürgerparks.

Mittlerweile ist auch das letzte Sonnenlicht am Horizont verschwunden, und bedächtig wandert die Gruppe auf einem der vielen Fußwege durch den Park. Plötzlich sausen flinke Fledermäuse durch die Luft und schießen blitzschnell in den Schwanenteich hinab. Dass es hier im Bürgerpark Fledermäuse gibt – wer hätte das gedacht?

Nach und nach ziehen Sterne am Himmel auf, nur im Lichtkegel der Laternen sieht man noch richtig. Die Bäume werden zu einer schwarzen Silhouette, jetzt rückt die Gruppe näher zusammen. Gespannt wie Kinder, die einer Gutenachtgeschichte lauschen, blicken alle auf Birgitta Looden, die den Vollmondspaziergang leitet. Die Diplom-Biologin kennt sich nicht nur mit der Wissenschaft rund um den Mond aus: Sie weiß auch allerhand über Mond- und Pflanzenmythen. Welch besondere Kraft beispielsweise der Haselnuss oder dem Holunder nachgesagt werden, wie man einen Liebestrunk zubereitet und wann der richtige Zeitpunkt für Gartenarbeit ist – all das erfährt man während des Vollmondspaziergangs. Dann wird die Frage aller Fragen geklärt: Schläft man bei Vollmond schlechter?

Am Ende der Tour steht er dann auch in voller Pracht hoch oben: der kugelrunde, silberne Mond. Er ist der Star des heutigen Abends. Geheimnisvoll und vornehm erleuchtet er den Heimweg. Ob er tatsächlich magische Kräfte hat? Wer weiß. Sicher ist, dass man den Voll-

mond nach diesem nächtlichen Spaziergang nie mehr so sehen wird wie zuvor.

**FAZIT: BEI EINER VOLLMONDTOUR ERLEBT MAN DEN BÜRGERPARK GANZ NEU UND ERFÄHRT DABEI NOCH WISSENSWERTES UND MYSTISCHES RUND UM DEN MOND.**

**Hin & weg:** Treffpunkt beim Bürgerpark Am Stern, Straßenbahn Linie 6.

**Dauer:** 1 Std.

**Beste Zeit:** Ganzjährig. Termine und Infos unter www.buergerpark.de/termine und Anmeldung zu einer Führung unter birgitta.looden@gmx.de

**Ausrüstung:** Taschenlampe, warme Jacke für kühle Nächte.

# HERBST-GOLD

 ... im Knoops Park an der Lesum

 Morgens ist die Luft schon kühl, auch wenn die Sonne am Tag noch einmal das Gesicht wärmt. An den Bäumen beginnt ein echter Farbzauber: Gold, Rot, Gelb. Ob kontemplativer Rundgang oder geselliger Nachmittag, der Herbst stellt sich im Knoops Park besonders adrett vor.

#Goldrausch  #Farbspiel  #herbstastisch

→ ABSTECHER

In St. Magnus geht es direkt hinein in den Herbstrausch. Denn der Raschkampsweg ist gesäumt von riesigen Kastanienbäumen. Beim Anblick der schimmernden rot-braunen Kastanien wird man direkt wieder Kind und kann nicht anders: Ein paar besonders hübsche Exemplare wandern direkt in die Hosentasche.

Noch vor Knoops Park fällt das Kunstcafé Kränholm (www.kraenholm.de) auf. Ob Frühstück oder Kuchen, hier speist man in inspirierender Umgebung. Nun geht es hinein in den Knoops Park. Durch das Blätterdach scheint das sanfte Sonnenlicht. Baumliebhaber sollten sich vorab den Infoflyer Bäume in Knoops Park

Kastanien sammeln und kleine Pilze entdecken – das macht Groß und Klein Freude.

an der Infotafel vor dem Kränholm mitnehmen oder diesen vorher von der Website herunterladen (www.foerderverein-knoops-park.de). Eichen, Linden, Birken, aber auch Zedern oder sogar Bergmammutbäume findet man nämlich im Park.

Angelegt wurde der Knoops Park übrigens von seinem Namensgeber Ludwig Knoop. Der Bremer Kaufmann kam zu Ruhm und Reichtum als Baumwollunternehmer in Russland. 1871 zog Knoop an die Lesum, wo er vorher bereits mit seiner Familie – wie viele wohlhabende Kaufleute – die Sommerfrische verbracht hatte. Kein Geringerer als Wilhelm Benque, der zu der Zeit auch den Bürgerpark gestaltete, legte die Gartenanlage an. Dank der vielen sitzgelegenheiten kann man sich inmitten der Bäume an der Ruhe erfreuen.

Ein Highlight im Knoops Park ist die Jünglingshöhe, von der aus man einen weiten Blick über die Lesum genießt. Von hier aus führen Treppen hinunter. Hinunter, weil der Knoops Park am abfallenden Lesumufer erbaut wurde und sich so über mehrere Ebenen schlängelt. Auch von der wenige Meter entfernten Grotte Albrechtsburg aus genießt man den Blick auf den Fluss. Mit nur zehn Kilometer länge ist die Lesum zwar ein kurzer Nebenfluss, dennoch landschaftlich zauberhaft.

Während man durch den weitläufigen Park spaziert, sollte man aber nicht nur auf die Bäume achten. Jetzt im Herbst wachsen viele verschiedene Pilzsorten, die den Boden verzieren. Die letzten warmen Sonnenstrahlen auf einer Parkbank einsammeln, schöner kann der Herbst nicht beginnen.

Dank 65 Hektar Fläche kann man im Knoops Park ungestört spazieren gehen.

**FAZIT: BUNTE LAUBBLÄTTER, VIELFÄLTIGE BÄUME UND WEITE AUSSICHTEN GIBT ES IM KNOOPS PARK AN DER LESUM. SO KANN DER HERBST BEGINNEN.**

**Hin & weg:** Mit der Regionalbahn RS1 ab Bremen Hbf bis Bahnhof St. Magnus.

**Dauer & Strecke:** 1–2 Std., circa 3 km.

**Beste Zeit:** Oktober.

**Ausrüstung:** Korb für Kastanien.

# SUN-DOWNER

... beim Sonnenuntergang am Waller Sand

# #19

Der Himmel färbt sich gelb, orange, rosa und zuletzt glutrot. Dazu Möwengekreische, im Hintergrund Industriekulisse und ein echter Urbremer: der Molenturm. Keine Frage, am Strand in der Überseestadt geht die Sonne mit Glanz und Gloria unter. Potenzial: Lieblingsplatz!

#kitschig  #rosarot  #Leuchtturm  #Industriechic

Endlich Feierabend! Die Sonne steht schon recht tief, das Licht ist jetzt weich, warm, sanft. Der Tag war lang und anstrengend, jetzt noch eine Runde Frischluft tanken – genau das Richtige. Deswegen geht es nun an den Strand. Am äußersten Zipfel der Überseestadt, Bremens jüngstem Stadtteil, treffen Neu und Alt aufeinander.

Da ist zum einen der über hundertjährige Molenturm. Mit seinem grünen Laternenhaus kommt der kleine Leuchtturm richtig gut zur Geltung. Neu ist der Waller Sand, ein rund drei Fußballfelder großer Stadtstrand, der seit 2019 Urlaubsfeeling in die Überseestadt bringt. Hier kann man Volleyball spielen, Kids toben auf dem Wasserspielplatz, oder man genießt einfach den Sonnenuntergang von einer der chilligen Sitzbänke.

Auf der Weser ziehen immer mal wieder ein paar Schiffe vorbei, hier herrscht reger Verkehr. Auch wer sich für Industriekultur interessiert, wird hier belohnt. Imposant steht ein Koloss auf der Gröpelinger Uferseite: eine riesige Getreideverkehrsanlage von 1896 (übrigens organisiert der Verein Kultur vor Ort e.V. Führungen durch die Anlage und auch Schiffstouren durch den Industriehafen gibt es unter www.kultur-vor-ort.com).

Mittlerweile stiehlt das Farbenspiel am Himmel den Schiffen und Anlagen die Show. Mit einem zarten Gelb kündigt sich der Sonnenuntergang an, verwandelt sich schnell in ein kräftiges Orange. Die Fassaden der Hafenanlagen färben sich rosa, und auch die Weser bekommt einen lieblichen Blauton. Binnen Minuten dann der nächste Paukenschlag, so

Sonnenuntergang am Strand gibt's nur im Urlaub? Nö. Malerische Abenddämmerung in allen Gelb-, Orange- und Rotschattierungen gibt's täglich für lau am Waller Sand.

als wolle sich der Tag noch einmal gegen die Nacht aufbäumen. Die Sonne blinzelt durch die Baumsilhouetten hindurch, wie eine Decke legt sich die Röte über alles. Ein paar Angler erscheinen nur noch als schemenhafte Silhouetten, während man selber ganz nebenbei merkt: Der Kopf ist frei, der Puls runtergefahren, Großstadthektik, ade.

**FAZIT: AM WALLER SAND GIBT ES EINEN SONNENUNTERGANG DE LUXE INMITTEN VON INDUSTRIEKULTUR UND MARITIMEM AMBIENTE.**

**Hin & weg:** Bus 26 oder 28 bis Haltestelle Überseestadt-Nord.

**Dauer:** 1 Std.

**Beste Zeit:** Ganzjährig charmant.

**Ausrüstung:** Eventuell Feierabendbier und Sitzkissen mitbringen.

85

→ ABSTECHER...

# AUF LEISEN SOHLEN

≥ ... im winterlichen Blockland ≤

**#20**

*In der kalten Jahreszeit ist es ruhig im Blockland. Nebel liegt über der Wümme, Eiskristalle bilden sich auf dem Gras, die Kühe stehen im warmen Stall. Magisch, diese Stille auf dem Deich. Danach geht's zum Aufwärmen in die gute Stube des Landhauses Kuhsiel.*

#Deichrunde #FromtheBlock #heißkalt

Frisch gezapft, aber ganz ohne Alkohol.
Biokäse statt Bier sozusagen.

Der Hof Kaemena (www.kaemena-blockland.de) ist im Sommer vor allem wegen des Snuten Lekker Bio-Eis ein beliebter Zwischenstopp auf einer Blocklandrunde. Doch auch im Winter sollte man kurz haltmachen: Am Automaten gibt es nämlich allerlei frische Lebensmittel direkt vom Erzeuger in bester Bioqualität: zum Beispiel diverse Rohmilchkäse, Bergkäse oder Bärlauchkäse. Auch Marmeladen oder Honig kann man hier ziehen. Frische Milch zum Selberzapfen gibt es ebenfalls.

Verlaufen kann man sich im Blockland nicht. Oben auf dem Deich geht es hinter dem Landhaus Kuhsiel immer an der Wümme entlang. Kommt man an den schmucken Bauernhöfen vorbei, erahnt man am Geruch die vielen Milchkühe, die hier wohnen. Echte Landluft eben! Obwohl das Blockland offiziell zu Bremen gehört, fühlt sich der 30 Quadratkilometer große Stadtteil wie ein Dorf an. 400 Blockländer gibt es hier, sodass die Kühe in der Überzahl sind.

Während es den Kühen draußen schon zu kalt geworden ist, zieht ein Entenpärchen munter seine Runden auf dem Wasser. Auch ein Silberreiher stakst elegant am Ufer entlang. Ja, diese Stille im Blockland hat eben auch ihre guten Seiten: Wer auf leisen Sohlen unterwegs ist, kann jetzt im Winter einige Wasservögel erspähen.

Zurück zum Landhaus Kuhsiel geht es wieder über den Deich. Die Wümme liegt ruhig da, am Horizont zeigt sich mystischer Nebel. Nur schemenhaft erkennt man die fernen Bäume. Das Schilf ist zu dieser Jahreszeit mittlerweile hellbraun verfärbt. Eine karge Landschaft, die so viel Ruhe ausstrahlt.

Kurz wird diese Ruhe unterbrochen, als sich ein paar Hühner, Gänse und eine Ziege lautstark bemerkbar machen, die vor Gartelmanns Dielencafé und Hofladen die Stellung halten. Hier gibt es übrigens am Wochenende leckeren hausgemachten Kuchen – auch im Winter (Öffnungszeiten unter www.gartelmanns-dielencafe.de).

Nach so viel Frischluft wird es Zeit für eine deftige Mahlzeit. Im Landhaus Kuhsiel (www.kuhsiel.de) dürfen regionale Köstlichkeiten geschlemmt werden: Kohl und Pinkel, Labskaus, Bremer Knipp und, und, und. Genau das Richtige nach einem Winterspaziergang.

Während es im Blockland im Sommer auch mal eng werden kann, hat man im Winter die Wümmelandschaft fast ganz für sich allein.

**FAZIT: IM BLOCKLAND IST AUCH DIE KALTE JAHRESZEIT MAGISCH, EINE DEFTIGE EINKEHR KRÖNT DEN WINTERSPAZIERGANG.**

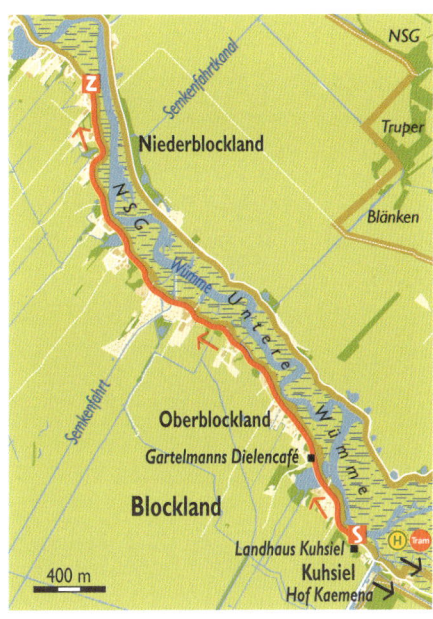

**Hin & weg:** Mit der Straßenbahn Linie 4 bis Lehester Deich. Von hier aus sind es etwa 2,7 km zu Fuß bis zum Landhaus Kuhsiel. Wenn es nicht glatt ist, kann man auch im Winter herrlich mit dem Fahrrad durch das Blockland fahren. Alternativ darf man auch mit dem Auto bis zum Landhaus Kuhsiel vorfahren. Danach ist der Deich für den Verkehr gesperrt.

**Dauer & Strecke:** Vom Landhaus Kuhsiel bis zum Hof Kaemena sind es 3,3 km. Gesamte Tour circa 4 Std.

**Beste Zeit:** Winter. Die Kohlsaison startet im November nach dem ersten Frost.

**Ausrüstung:** Warme Kleidung.

# 2. KAPITEL
# AUSFLÜGE

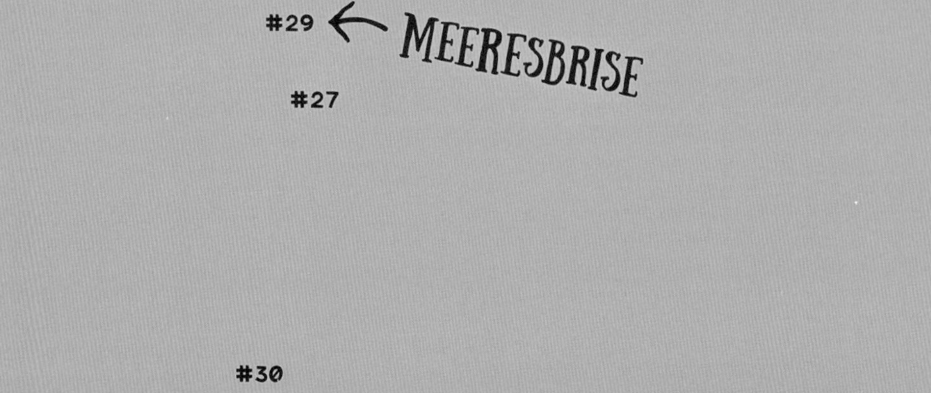

#29 ← MEERESBRISE
#27

#30
#23
#22
#34
#26
ACTION IN LUFTIGER HÖHE
#32
#24
#31
#39
#28
#40
#25
#33
#36
SÜSSE VERSUCHUNG → #38
#37
#21 #35

## Raus für einen Tag

*Moore, Wälder und Flusslandschaften wollen entdeckt werden. Ob zu Fuß, auf dem Fahrrad oder mit dem Kanu zu Wasser, für jeden Geschmack ist ein Tagesausflug dabei.*

**12 H**

| | | |
|---|---|---|
| #21 | ... bei Verden | Seite 92 |
| #22 | ... in den Timkewäldern | Seite 96 |
| #23 | ... in Oldenbüttel | Seite 100 |
| #24 | ... im Arboretum in Neuenkoop | Seite 104 |
| #25 | ... durch das Barneführer Holz | Seite 108 |
| #26 | ... rund um das Künstlerdorf Worpswede | Seite 112 |
| #27 | ... in Bremerhaven | Seite 116 |
| #28 | ... rund um Rotenburg an der Wümme | Seite 120 |
| #29 | ... von Weddewarden nach Wremen | Seite 124 |
| #30 | ... auf der Flussinsel Harriersand | Seite 128 |
| #31 | ... nach Fischerhude | Seite 132 |
| #32 | ... in der Bremer Schweiz | Seite 136 |
| #33 | ... im Kletterpark Hatten | Seite 140 |
| #34 | ... auf der Hamme | Seite 144 |
| #35 | ... die Düne im Verdener Stadtwald | Seite 148 |
| #36 | ... entlang der Alten Weser | Seite 152 |
| #37 | ... in der Wildeshauser Geest | Seite 156 |
| #38 | ... auf der Obstplantage in Riede | Seite 160 |
| #39 | ... durchs Moor bei Hude | Seite 164 |
| #40 | ... im Hasbrucher Urwald | Seite 168 |

 AUSFLÜGE

# FRÜHLINGS-ERWACHEN

... bei einer Deichwanderung bei Verden

**#21**

*Die erste Frühlingssonne vertreibt den Winterschlaf, Zeit, die müden Knochen wach zu rütteln. Das geht besonders gut bei dieser Tageswanderung entlang der Aller bei Verden, auf der man mit Glück Heidschnucken und Shetlandrinder sieht.*

#Heidschnucken #Frühlingsgefühle #Allerblick #Frühjahrssport

Der gotische Dom zu Verden blickt auf eine über 1000-jährige Geschichte zurück. Ein Blick ins Innere lohnt sich ebenfalls.

Los geht es an der Südbrücke in Verden, die über die Aller führt. Direkt hinter der Brücke geht es hinauf auf den Deich. Welch wunderbares Panorama sich hier bietet. Die Reiterstadt Verden mit ihrem Dom und der pittoresken Altstadt wurde bereits um 800 nach Christus gegründet. Dem Pfad auf dem Deich folgend, blickt man nun auf die sich schlängelnde Aller. Wasservögel erfreuen sich an der Frühjahrssonne ebenso wie die Shetlandrinder. Moment, wie kommen die denn hierher? Auf dem Bauernhof direkt hinterm Deich wohnt eine Gruppe der karamellfarbenen Rinder, die mit ihren Hörnern Eindruck schinden.

Am Ende des Deichs überquert man kurz die Landstraße, folgt dieser und biegt dann in den Weidkamp in Richtung Döhlbergen ein. Hier befinden sich altehrwürdige Bauernhöfe,

auf denen schon die nächsten Vierbeiner auf einen warten. Ziegen und Schafe schauen neugierig durch den Zaun.

Kurz hinter Döhlbergen geht es auf dem Deich in Richtung Großhutbergen. Am Wegesrand zeigt sich der Frühling bereits in prachtvollen Farben: Krokusse, Maiglöckchen, zartrosa Knospen. Auf einer Bank ist nun Zeit für ein Picknick. Frisch gestärkt, folgt man dem Deichweg bis nach Kleinhutbergen. Und schon bewegt sich wieder etwas in der Ferne. Welch Glück! Eine Heidschnuckenherde sonnt sich gemütlich auf dem Deich. Flauschiges Fell, niedliche Gesichter, Heidschnucken müssen einfach entzücken.

Entlang der Aller führt der Deichweg nun wieder zurück nach Verden. Im Abendlicht leuch-

tet die Altstadt in warmen Tönen und spiegelt sich im glatten Allerwasser. Nach dieser Wanderung sind die müden Glieder definitiv wach. Frühling, du darfst jetzt richtig loslegen!

**FAZIT: BEI DIESER FRÜHLINGSWANDERUNG RUND UM VERDEN GIBT'S WEITBLICK ÜBER DEN DEICH, BUNTE BLUMEN UND AUCH EIN PAAR VIERBEINER ZU ENTDECKEN.**

**Hin & weg:** Mit der Regionalbahn RS1/RE1 ab Bremen Hbf bis Verden (Aller).

**Dauer & Strecke:** Circa 5 Std., 15,5 km.

**Beste Zeit:** Frühjahr bis Herbst.

**Ausrüstung:** Bequeme Schuhe, Proviant für unterwegs.

# WALDLUST

 ... in den Timkewäldern

**#22**

*Die Sonnenstrahlen fallen magisch auf eine Lichtung, es duftet nach Holz, Moos und Tannen. Mystisch ist er, der Wald. Und friedlich. Die ersten Krokusse am Wegesrand bringen Farbe ins Spiel. Ja, bei dieser Wanderung im Wald kommen Frühlingsgefühle auf.*

#intothewood  #Waldzeit  #grünesErwachen

→ AUSFLÜGE

Drei, zwei, eins – raus. Den Winterblues vertreibt man am besten mit einer zünftigen Frühlingswanderung.

Die Tour startet im beschaulichen Kirchtimke, das auf eine lange Geschichte zurückblicken kann – bereits 1148 wurde der Ort urkundlich erwähnt. Die St.-Lambertus-Kirche beherbergt auch heute noch einen romanischen Taufstein von 1200. Von dort aus geht es auf zu einer Frühlingswanderung in den urwüchsigen und geheimnisvollen Wald.

Über den Moordamm führt ein Feldweg zum Schierker Staatsforst. Schon ist man mitten im Wald. Himmlisch ruhig ist es hier zwischen den riesigen Stieleichen. Bei der Schutzhütte, in der Infotafeln zu den vielen Waldbewohnern hängen, bietet sich eine Rast auf einer der Bänke an. So eine zünftige Stulle schmeckt inmitten der Natur doch gleich ganz anders.

Frisch gestärkt, geht es weiter durch den Wald und dann über ein idyllisches Wiesental in Richtung Ostertimke. Apfelblüten in Zartrosa zeigen sich, Krokusse recken ihre leuchtend violetten Köpfe gen Sonne, dazu der sattblaue Himmel – der Frühling ist da! Auch eine neugierige kleine Feldmaus scheint die ersten warmen Sonnenstrahlen zu genießen.

In Japan gilt *Shinrin Yoku,* zu Deutsch Waldbaden, längst als Medizin. Nachmachen ist ganz einfach – durchs Moos gehen, die Aromen des Waldes einatmen, Zenfeeling pur.

Hinter dem Hof Wentel geht es nun wieder in einen Wald hinein. Dieser trägt den putzigen Namen Ummel. Inmitten des urigen Mischwaldes fühlt man sich fast wie in der Welt von Grimms Märchen. Grünes Moos, zarte Blüten, stramme Nadelbäume und urwüchsige Buchen, hin und wieder das entfernte Rascheln eines Rehs. Durch den Ummel führen viele verschiedene Wege, je nach Lust und Laune darf man hier also ruhig von der Route abkommen. Mittendrin befindet sich der Waldcampingplatz Ummelbad, in dem es auch ein Café gibt (Öffnungszeiten unter https://www.waldcampingplatz-ummelbad.com).

Von hier aus sind es noch etwa sechs Kilometer zurück nach Kirchtimke. Hinter dem Wald geht der Weg in einen Feldweg über, der nun weite Blicke über die flachen Felder eröffnet. Auf einer Bank kann man noch mal die ersten Sonnenstrahlen einfangen, bevor die Tour am Startpunkt endet.

**FAZIT: BEI DIESER WALDWANDERUNG IN DER ERSTEN FRÜHLINGSSONNE WERDEN GEIST UND MÜDE BEINE WACH.**

**Hin & weg:** Ab Bremen Hbf bis Kirchtimke-Mitte mit dem Bus 630.

**Dauer & Strecke:** 6 Std., circa 18 km.

**Beste Zeit:** Frühling bis Herbst.

**Ausrüstung:** Bequeme Schuhe, Verpflegung für unterwegs.

 AUSFLÜGE

# MOOR FUN!

 ... bei einer Wanderung in Oldenbüttel

## #23

Mehr Moor geht nicht! Diese Tour verbindet das Niedersandhausener und das Hamberger Moor. Zwischen Mai und Juni blüht das puschelige Wollgras am Ufer der Moorseen, blaue Libellen flattern umher, und mit Glück sieht man sogar ein Storchennest samt Bewohner.

#GimmeMoor  #Wollgrasblüte  #WolkenimWasser  #Libellensurren

Da staunt nicht nur das Pferd: So fein kann norddeutsches Moor aussehen, wenn die Sonne scheint und sich einzelne Wölkchen fotogen im Wasser spiegeln.

Direkt am Bahnhof Oldenbüttel führt ein schmaler Pfad in das Oldenbütteler Holz. Schwupps, schon ist man mittendrin im Grünen! Was sich in diesem kleinen Wäldchen schon abgespielt hat, könnte die 300 Jahre alte Rotbuche erzählen, die hier unter Denkmalschutz steht. Immer geradeaus führt der Weg schnurstracks in das Naturschutzgebiet bei Niedersandhausen. Eine Tafel am Eingang des Moores verrät, auf welche Tiere und Pflanzen man sich freuen darf: Libellen, Wollgras, Birkenmooswald und, und, und!

Fast wie im Zauberwald fühlt man sich zwischen den schlanken weißen Birken und Heidebüschen. Kräftig grün strahlen Sumpf-Calla in den Kanälen, die sich durch das 254 Hektar große Naturschutzgebiet ziehen. Die Stille rundherum macht empfänglich. Selbst das Surren der bunten Libellen nimmt man nun wahr. Und ein Rascheln: Ein Rebhuhn, das es sich gerade für ein ausgiebiges Sonnenbad im Sand gemütlich macht, schaut neugierig hoch. Mit seinen 30 Zentimeter Größe ist es ein stattlicher Hühnervogel, der sich vornehmlich schreitend voranbewegt.

Über den Peishamm geht es hinaus aus dem Niedersandhausener Moor in den kleinen Ort Ströhe. Hier lockt eine kleine Pause in einem besonderen Café – diese hat man sich auch verdient, die ersten 6,5 Kilometer hat man bis hierher schon geschafft. Ähnlich wie das Rebhuhn gönnt man sich nun ein Sonnenbad samt einem Stück selbst gebackener Stachelbeertorte, stilecht serviert auf friesischem Kaffee-

Das Museum des Heimatvereins stellt Alltagsgegenstände früherer Zeiten, aber auch ein komplettes altes Klassenzimmer aus.

service. Das Café der Museumsanlage Moorkate ist nur an ausgewählten Wochenenden geöffnet (Öffnungszeiten unter www.heimatverein-stroehe-spreddig.de).

Über den Moorweg führt die Wanderung nun ins Hamberger Moor, vorbei an Pferden und Kühen, die friedlich auf den Weiden grasen. Waren im Niedersandhausener Moor die Birken besonders präsent, findet man hier mehrere Moorseen vor. Beinahe surreal wirkt die Landschaft: Denn die Wolken samt Himmel spiegeln sich in den dunklen Gewässern. Heidebüsche am Wegesrand setzen Akzente, mit Geduld kann man eine blaue Libelle genau beobachten. Wer zur Wollgrasblüte hier ist, entdeckt die flauschigen Wattebäusche am Ufer. Hinter dem Örtchen Spredding führt der Weg von hier aus zurück in das Oldenbütteler Holz. Wo die Tour startete, endet sie: die Füße müde von der Tour, der Kopf hellwach dank des Moorzaubers.

**FAZIT: EINE WANDERUNG DURCH EINE FASZINIERENDE MOORLANDSCHAFT, DIE VOR ALLEM ZUR WOLLGRASBLÜTE LOHNT.**

**Hin & weg:** Mit der RS2 ab Bremen Hbf nach Oldenbüttel.

**Dauer & Strecke:** Circa 6 Std., 15 km.

**Beste Zeit:** Mai und Juni zur Wollgrasblüte, aber auch zwischen Frühjahr und Herbst schön.

**Ausrüstung:** Wanderschuhe, Kamera, Insektenspray (bei den Seen gibt es Mücken), Pausenverpflegung.

→ AUSFLÜGE

# KLEINE WELTREISE

 ... im Arboretum in Neuenkoop

**#24**

Ein versteckter Garten Eden befindet sich in Neuenkoop: das Arboretum. Pflanzenliebhaber und Ruhesuchende finden eine bunte Blumen- und Baumwelt vor, fein kuratiert und mit Liebe zum Detail angelegt. Ob im Frühling zur Kirschblüte oder zum herbstlichen Farbenspiel, hier träumt man sich in die Ferne.

#Pflanzenwelt  #Gartenzauber  #Fernweh  #Farbenpracht

Exotische Pflanzen fühlen sich auch im Norden wohl.

Unscheinbar ist die Auffahrt zum Arboretum in Neuenkoop. Dass sich hier eine kleine eigene Welt mitten in der Wesermarsch verbirgt, vermutet man noch gar nicht. Hinter dem historischen Hof tritt man ein. Palmen und Zypressen säumen den Weg, Zitrusfrüchte blühen. Der mediterrane Terrassengarten lädt direkt zum Verweilen ein. Doch hier geht der Rundgang ja erst los.

Besonders hübsch ist der maurische Garten mit den blauen Fliesen, die im Kontrast zu den pinkfarbenen Wasserrosen den Teich umrahmen. 1001 Nacht mitten in Norddeutschland. Dahinter wartet ein Blumenmeer und führt direkt zur Sonnenbank. Welch eine Farbenpracht! Für Hobbyfotografen ist das Arboretum ein Paradies: Es gibt so viele Motive, die man einfangen kann. Auf zwei Hektar Fläche befinden sich rund 1000 Gehölze aus vielen verschiedenen Ländern der Welt. Der Begriff Arboretum ist übrigens lateinisch und bedeutet so viel wie Baumsammlung. Die Anlage ist wie ein botanischer Garten angelegt, sodass man verschiedene Klimazonen in einem Rundgang erleben kann.

Ein weiteres Highlight ist der Dschungelpfad, der durch ein Dickicht aus Grün führt. Auf dem sich schlängelnden Pfad fühlt man sich gleich ein wenig wie am Amazonas. Nur dass im Hintergrund Kühe muhen, erinnert daran, dass man noch auf dem platten Land ist. Kühe muhten übrigens vor rund 25 Jahren auf dem ganzen Gelände, denn Besitzer Matthias Rieger legte den Garten in den 1990er-Jahren an.

Weiter geht die Reise in den Fernen Osten: und zwar den chinesischen Garten. Bambus, Mammutbaum, natürlich eine rote verzierte

Hier hält man es wie einst Faust: »Werd ich zum Augenblicke sagen, verweile doch! Du bist so schön!«

Brücke. Zenfeeling pur. Um den Kurzurlaub noch etwas zu verlängern, sollte man etwas zum Lesen mitbringen und sich ein sonniges Plätzchen suchen. Gemütliche Sitzgelegenheiten gibt es zur Genüge.

Übrigens, Termine für Themenführungen sowie Veranstaltungen, wie beispielsweise die Kürbiswoche oder Landpartien, werden auf der Website bekannt gegeben (www.arboretum-neuenkoop.de).

**FAZIT: FERNWEH MEETS GARTENKUNST. IM ARBORETUM WANDELT MAN DURCH EINEN DSCHUNGEL UND ENTSPANNT IN CHINA.**

**Hin & weg:** Mit dem PKW am einfachsten: Neuenkooper Str. 64, 27804 Berne. Ansonsten mit der Regionalbahn bis Hude, von hier mit dem Fahrrad noch etwa 5 km.

**Dauer:** Halber Tag.

**Beste Zeit:** Frühling bis Herbst.

**Ausrüstung:** Kamera und etwas zum Lesen.

# KURVEN-REICH

≥ ... durch das Barneführer Holz ≤

Durch urigen Wald, immer entlang der wilden Hunte, führt diese leichte Wanderung. Wildnisfeeling kommt unter dem dichten Blätterdach bei einem Picknick am Hunteufer auf. Genau richtig für Naturliebhaber! Zum Abschluss winkt ein Stück Kuchen auf dem Gut Sannum.

#BarneführerHolz #BunteHunte #Kuchengehtimmer #Eselsohren

→ AUSFLÜGE

*Der watteweiche Untergrund macht Laune beim Wandern.*

Hinter der Kreuzkirche in Sandkrug beginnt das Barneführer Holz. Hügelig ist es hier inmitten der Osenberge, deren höchste Gipfel zwar nur 23 Meter über Normalnull betragen, aber hey – für Norddeutschland ist das schon was. Zwischen Kiefern und Birken läuft man fast wie auf Watte, so weich ist der sandige Waldboden hier. Dieser verlieh dem 4000-Seelen-Ort übrigens auch seinen Namen: Postreiter und Reisende pausierten hier an den Dünen der Osenberge. Die Verpflegungsstation taufte man Sandkrug.

Das Ufer der Hunte ist teilweise steil und wild. Genau das macht ihren Charme aus. Charmant sind auch die Poitou-Esel auf dem Gut Sannum.

Bis zum Birkenhain führt der Waldweg vorbei an lichtem, frischem Wald. Hier führt nun ein schmaler Trampelpfad an einem Maisfeld vorbei, an dessen Ende man auf den Hunteweg kommt. Nun gibt die Hunte, ein 190 Kilometer langer Nebenfluss der Weser, den Takt vor.

Der Pfad schlängelt sich entlang des Ufers, mal ganz dicht an der Böschung entlang, dann wieder etwas erhaben. Uralte Eichen und Buchen säumen den Weg. Was diese Baumriesen wohl schon alles erlebt haben?

Kurz vor der Bahnunterführung tut sich ein breiter Sandstrand auf, wo die Picknickdecke zum Einsatz kommt. Die Hunte plätschert vergnügt vor sich hin, ein paar Kanufahrer grüßen vom Wasser aus. Sind die Füße warm? Dann flugs die Schuhe ausgezogen und ab ins kühle Wasser. Nach der Pause frisch gestärkt geht es nun weiter, immer der Hunte entlang.

Kurz hinter dem Dachsberg befindet sich eine breite Holzbrücke, über die man nun nach Sannum gelangt. Jetzt darf genascht werden. Auf dem Gut Sannum gibt es ein gemütliches Café, der Kuchen ist hier natürlich selbst gebacken (Öffnungszeiten unter www.bvo.de). Neben dem Café gibt es noch ein Tiergehege mit flauschigen Eseln, Ostfriesischen Möwen und einem kunterbunten Garten. Das Gut Sannum ist übrigens mehr als nur ein Hofcafé: Unter dem Motto »Freiraum für Alle« leben und arbeiten hier Menschen mit Behinderung.

Mit der neu gewonnenen Energie verfliegt der restliche Weg entlang einer ruhigen Landstraße bis nach Huntlosen im Nu.

**FAZIT: WANDERUNG ENTLANG DER WILDEN HUNTE DURCH URALTEN WALDBESTAND. GENAU RICHTIG FÜR EINEN WARMEN SOMMER- ODER LAUEN HERBSTTAG.**

---

**Hin & weg:** Anfahrt ab Bremen Hbf über Oldenburg Hbf nach Sandkrug. Zurück ab Bahnhof Huntlosen wieder über Oldenburg nach Bremen.

**Dauer & Strecke:** 5–6 Std., etwa 11 km.

**Beste Zeit:** Sommer und Herbst.

**Ausrüstung:** Festes Schuhwerk, Picknickdecke und Picknick.

---

# AUF PAULAS FÄHRTE

... rund um das Künstlerdorf Worpswede

**#26**

*Der weite Himmel, erdige Töne, reduzierte Natur: Das Teufelsmoor inspiriert Künstler seit über 100 Jahren. Kunstliebhabern geht das Herz bei dieser Tour auf, die den Motiven und dem Lebensweg der Malerin Paula Modersohn-Becker nachspürt.*

#KunstmeetsNatur  #Teufelsmoor  #Spurensuche

Der 1922 errichtete Niedersachsenstein wurde nach einem Entwurf des Architekten Bernhard Hoetger gebaut, der auch die Böttcherstraße in Bremen designte.

Unscheinbar, doch direkt erhaben: So beginnt die etwa sechs Kilometer lange Rundwanderung um das Künstlerdorf Worpswede. Die 9000-Seelen-Gemeinde liegt inmitten des Teufelsmoors, das erst im 18. Jahrhundert besiedelt wurde. Geheimnisvoll das Waldstückchen, durch das es am Findorff-Denkmal vorbei hinaufgeht. Plötzlich tut sich ein weites, sanft geschwungenes Feld auf. Blaue Kornblumen und roter Mohn biegen sich im stürmischen Wind, der die Wolken immer wieder neu formt. War es dieser Anblick, der 1897 die junge Künstlerin Paula entzückte und zum Bleiben anregte?

Vorbei an Birken und durch einen kleinen Wald führt der Weg zum imposanten Niedersachsenstein, einem 18 Meter hohen Denkmal für die gefallenen Soldaten des Ersten Weltkriegs. Von hier aus sind es nur wenige Minuten bis zum Höhepunkt der Tour: dem 54,4 Meter hohen Weyerberg. Hier oben muss Paula mit ihrem zukünftigen Ehemann, dem Maler Otto Modersohn, oft gesessen haben. Natürliche, gedeckte Farben, der hohe Himmel, Fantasiewolkengebilde: All das inspirierte Paula und führte sie zu ihrer reduzierten, naturnahen Kunst.

Diese kann man vor allem im Museum am Modersohn-Haus bewundern. Der Weg hierher führt über eine leicht hügelige Waldlandschaft vorbei am schmucken Barkenhoff. Das ehemalige Wohnhaus und Atelier von Heinrich Vogeler, Mitbegründer der Künstlerkolonie Worpswede, war Treffpunkt und kreativer Schaffensraum der Künstler. Wie gerne würde man hier einmal in die Vergangenheit reisen

Das Grab von Paula Modersohn-Becker befindet sich auf dem Friedhof der Zionskirche in Worpswede.

und den Gesprächen lauschen: Modersohn, Mackensen, Overbeck, auch der Dichter Rilke weilte hier.

Solange eine Zeitreise noch nicht möglich ist, sprechen die Werke der Künstler für sich. Die Tour endet am Wohnhaus von Paula Modersohn-Becker und Otto Modersohn. Dieses beherbergt eine feine Auswahl, nicht nur der beiden ehemaligen Hausherren, sondern auch beeindruckende Gemälde von Fritz Overbeck, Hans am Ende und Fritz Mackensen. Es ist, als sähe man die Eindrücke der Wanderung nun an der Wand hängen: Den Fernblick vom Weyerberg, die weißen Birkenwälder, die Wolkentupfer am weiten Horizont (Infos zu den Museen in Worpswede gibt es übrigens unter www.worpswede-museen.de).

Angeregt von der Kunst? Bei einem Stück frisch gebackenem Kuchen im romantischen Garten des Cafés Einzelstück kann man die Eindrücke herrlich diskutieren oder im Stillen den eigenen Gedanken nachhängen. Paula hätte es sicher heutzutage genauso getan.

**FAZIT: BEI DIESER WANDERUNG RUND UM WORPSWEDE WIRD KUNST LEBENDIG. INSPIRATION PUR!**

**Hin & weg:** Mit dem Bus 670 ab Bremen Hbf bis zur Haltestelle Worpswede Insel.

**Dauer & Strecke:** Halber Tag inklusive Besuch des Modersohn-Museums, circa 6 km beträgt die Wanderstrecke.

**Beste Zeit:** Frühjahr bis Herbst.

**Ausrüstung:** Bequeme Schuhe.

# BLAU MACHEN

 ... bei einer Schifffahrt in Bremerhaven

Möwen kreischen, die steife Brise weht einem um die Nase, der Duft von Meer liegt in der Luft. Kleine und große Matrosen heuern in Bremerhaven auf der MS Geestemünde an – um die dicken Pötte im Containerterminal ganz aus der Nähe zu betrachten. Ahoi, Piraten!

#schwimmendeGiganten #maritimesFlair #Seeluft

→ AUSFLUGE...

Gut gelaunt geht es an Deck der MS Geestemünde, die 1975 in Husum gebaut wurde.

Alle Mann und Frau an Deck, jetzt geht es los. Und zwar auf die hohe See hinaus. Mit der MS Geestemünde kommt man den Containerschiffen und der Seebäderkaje ganz nah.

In Bremerhaven befindet sich mit fast fünf Kilometer Länge die längste Stromkaje der Welt. Das Zollgebiet darf man nicht betreten, sodass man vom Wasser aus den besten Blick auf die gigantischen Containerschiffe hat. Doch nicht nur diese sind sehenswert: Da wären die Kräne, die wie Dinosaurier über den Schiffen hervorlugen. Futuristische Portalhubwagen, die Container von A nach B transportieren. Dazwischen flitzen flinke Schlepperboote zwischen den schwimmenden Riesen hin und her.

An Deck der MS Geestemünde ist man darum ebenfalls in Bewegung. Mal blickt man auf das rege Treiben im Hafen, dann wieder auf die offene See: Dort, am Horizont, erscheint schon das nächste Schiff, das in den Hafen einläuft.

Von Bremen in die weite Welt und umgekehrt. Ob Containerumschlag oder mit dem Kreuzfahrtschiff in den Urlaub, im Hafen von Bremerhaven ist an 365 Tagen im Jahr Betrieb.

Dazu gibt es natürlich nordisch-kecke Anekdoten vom Tourguide, der allerlei Seemannsgeschichten zum Besten gibt.

Und dann ist da noch dieses Blau! Meerblau trifft auf Himmelblau. Nur ein paar weiße Wattewölkchen zieren den Horizont. Je nach Tidenstand kann man sogar Seehunde beim Sonnenbad beobachten. Wenn das Wasser zu hoch steht, muss man die Augen ein wenig anstrengen. Da war doch was! Ein neugieriger Seehund schaut kurz hervor, bevor er wieder abtaucht. Mit Glück sieht man sogar einen Schweinswal, der sich hier tummelt.

Auf der Rückfahrt zum Anleger dreht die MS Geestemünde noch eine Extrarunde entlang der Skyline von Bremerhaven. Tradition und Moderne liegen hier dicht beieinander. Der Simon-Loschen-Leuchtturm von 1853 in direkter Nachbarschaft zum futuristischen Klimahaus, das übrigens sehr sehenswert ist, genauso wie das Auswandererhaus (Infos gibt es unter www.klimahaus-bremerhaven.de und unter www.dah-bremerhaven.de).

Nach so viel Seeluft knurrt sicher der Magen! Für den kleinen Hunger geht nichts über ein Fischbrötchen auf dem Restaurantschiff Klibfisch. Wer etwas Deftigeres mag: Im Bistro Übersee gibt's original Bremer Labskaus (klibfisch.de und www.im-jaich.de).

Bevor es wieder nach Hause geht, sollte man sich die Beine am Deich vertreten, noch einmal den Blick auf die See richten und die salzige Luft ganz tief einatmen. So geht Urlaubsfeeling pur!

**FAZIT: EIN TAG AM MEER VERTREIBT DEN ALLTAGSBLUES, DENN BLAU SIND HIER NUR DIE SEE UND DER UNENDLICHE HIMMEL. UND DANACH EIN FISCHBRÖTCHEN!**

**Hin & weg:** Mit der RS2 ab Bremen Hbf bis Bremerhaven Hbf. Von hier diverse Stadtbusse bis Haltestelle Bremerhaven Havenwelten.

**Dauer & Strecke:** 1 Tag.

**Beste Zeit:** Sommer und Herbst. Schifffahrplan unter www.ms-geestemuende.de

**Ausrüstung:** Fernglas.

# AUSFLÜGE

# AUF WANDER- SAFARI

 ... rund um Rotenburg an der Wümme

Weiter Himmel wechselt sich mit dichtem Wald ab, es quakt, röhrt und zwitschert um einen herum. Bei dieser Wanderung zwischen Moor, Wald und Wiesen lassen sich neben landschaftlicher Vielfalt auch viele tierische Bewohner entdecken.

#zwischendreiFlüssen #Wanderlust #Landluft #Moor

Auf dem platten Land ist nix los? Von wegen! Rund um Rotenburg an der Wümme zeigt sich die ganze Vielfalt des Nordens. Tierische Bewohner inklusive.

Los geht es am Marktplatz von Rotenburg an der Wümme. Die heutige Wandertour ist hervorragend ausgeschildert und heißt Rotenburger Wasserreich. Woher der Name kommt? Nun, durch die 20 000-Einwohner-Stadt fließen gleich drei Flüsse: die Wümme, die Rodau und die Wiedau.

Am schmucken Heimathaus, einem niederdeutschen Hallenhaus von 1779, lohnt ein Blick in den Apothekergarten. Nun geht es über blühende Wümmewiesen hinaus aus der Stadt. Obwohl beim Überqueren der Schulbrücke die weite Auenlandschaft den Blick fesselt, lohnt es sich hinabzuschauen: Mit etwas Glück erblickt man nämlich große Wümme-Krebse.

Nun geht es hinein in den Ahe-Wald, in dem knorrige Bäume Schatten spenden. Kleine Wanderer dabei? Bevor es wieder aus dem Wald hinaus über wogende Wiesen geht, lädt der Ahe-Spielplatz zum Turnen ein.

Wer ein erfrischendes Fußbad einlegen möchte, darf sich auf den Wümmestrand an der Gothardbrücke freuen. Im Sternenweg, in dem der NABU einen Nistkastenlehrpfad installiert hat, geht es an Maisfeldern vorbei in Richtung Unterstedt. Doch statt in den Ort hineinzuwandern, folgt man dem Schild in Richtung Grafeler Holz, einem urigen Wald. Mittendrin befindet sich der über 400 Jahre alte Hof Grafel (www.hof-grafel.de). Zutrauliche Esel holen sich hier nur allzu gern ihre Streicheleinheit ab. Doch damit nicht genug: Knuffige Ponys, wollige Schafe und meckernde Ziegen sagen auch Hallo. Oder vielmehr: Mäh. Zwetschgenbäume, Birnen, Tomaten wachsen hier – der Ferienhof ist ein echtes Veggieparadies, auf dem man übrigens auch Ferien machen kann.

Hinter dem Hof führt der Wanderweg nun zu einem weiteren Highlight: dem Naturschutzgebiet Großes und Weißes Moor. Mittendrin befinden sich der Kleine und der Große Bullensee. Letzterer ist sogar ein Badesee mit breitem Sandstrand. Perfekt für ein Picknick und eine kleine Schwimmeinheit. Entdecker sollten hier ins Schilf blicken: Denn am Bullensee tummeln sich allerlei Kröten und Frösche.

Jetzt fehlt nur noch etwas Süßes zum Wanderglück. Also schleunigst ab zum Hartmannshof (www.rotenburger-werke.de): Streuselkuchen, Sahnetorten, Topfkuchen – die Auswahl fällt definitiv schwer. Im NABU-Mitmachgarten MeGa, der sich direkt neben dem Biobauernhof befindet, schwirren Insekten und Bienen, Schmetterlinge und Vögel durch die Luft.

Nach dieser erholsamen Pause geht es nun durch den Wald Lintel wieder in Richtung Rotenburg. Fast wie im Märchenwald fühlt man sich zwischen den gigantischen Nadel- und Laubbäumen, die die Wanderung bis zur Rodau prägen. Psst. Was bewegt sich denn da? Es sind drei Rehe, die genüsslich vor den Toren der Stadt grasen.

Rodau und Wiedau treffen aufeinander, dem kleinen Bach folgend, kommt man direkt an der Rotenburger Stadtkirche vorbei. Ein kleiner Spaziergang durch die Fußgängerzone endet am Marktplatz, wo die Tour begann.

---

**Hin & weg:** Ab Bremen Hbf mit dem Metronom RE4/RB41 bis Rotenburg an der Wümme.

**Dauer & Strecke:** 7–8 Std., 22 km.

**Beste Zeit:** Frühjahr bis Herbst.

**Ausrüstung:** Wanderschuhe, Picknick für unterwegs, Badebekleidung.

---

**FAZIT: TIERISCH VIEL ZU ENTDECKEN GIBT ES BEI DIESER LANGEN, ABER EINFACHEN TAGESWANDERUNG.**

# FISCHERS FRITZE

›– ... zu Fuß von Weddewarden nach Wremen –‹

Die salzige Meeresbrise schnuppern, sich die Beine auf dem Deich vertreten und dann ein frisches Fischbrötchen essen. Danach werden die Füße im weichen Wattenschlick einer natürlichen Massage unterzogen. Ob Sonnenanbeter oder Wanderer, ein Tag an der Nordsee ist erholsam für jeden.

#Deichkieker #Leuchtturm #kurzansWatt

Salz in der Luft, den Wind im Haar, ein Tag an der Nordsee ist immer wunderbar.

→ AUSFLÜGE...

Im beschaulichen Weddewarden geht die heutige Wanderung los. Schnell ist man am Deich angelangt, wo die Farben kräftiger sind und der Wind frischer weht. Die Ausläufer des Containerterminals von Bremerhaven sind noch erkennbar, imposante Kräne und schwimmende dicke Brummer davor. Doch die Industriekulisse lässt man rasch hinter sich, denn es geht nun in Richtung Wremen an der Wurster Nordseeküste.

Verlaufen kann man sich hier wirklich nicht, denn es geht schnurstracks geradeaus. Der Blick geht ins Unendliche, denn hier oben auf dem Deich läuft man erhaben zwischen Watt, Windrädern und Dörfern. Am Himmel zeichnen sich nur zarte Schleierwolken ab, die in der Ferne ins Meer zu fließen scheinen. In dieser friedlichen Umgebung sind Alltagshektik und To-do-Listen rasch vergessen.

Unten am Wattenmeer sieht man ab und zu einen Austernfischer, der keck nach Würmern und Muscheln sucht. Überhaupt: Das Watt ist eine faszinierende Landschaft, die es so nirgends auf der Welt gibt. Das Zusammenspiel von Luft, Wind, Wasser und Sonne gilt übrigens auch als gesundheitsfördernd, weshalb man die heutige Wanderung durchaus als Minikur fürs Immunsystem verbuchen darf.

Nach rund 7,5 Kilometern ist das Nordseebad Wremen erreicht. Unübersehbar: der schwarz-weiß geringelte Leuchtturm mit dem süßen Namen Kleiner Preuße. Immerhin zehn Meter misst der »Kleine« am Watt.

Meldet sich der Magen? Dann sollte man sich geschwind einen Backfisch mit einer zünftigen Portion Pommes oder ein Krabbenbrötchen an einer der Fischbuden kaufen. Krabben prägen Wremen übrigens nicht nur kulinarisch – Krabbenkutter stechen auch heute noch von hier aus in die Nordsee.

Und nun steht Entspannung auf dem Programm: auf der Wiese in der Sonne liegen, eine kleine Wattwanderung unternehmen, im Strandkorb lümmeln und einen Schmöker lesen. Was das Herz eben begehrt.

Zwischen Mai und September findet wöchentlich in Wremen die »Grille« statt. Bier, Leckeres vom Grill und Livemusik verwandeln den Kurpark dann in einen Place to be.

**FAZIT: EIN TAG AM MEER MACHT DEN KOPF FREI UND DIE SEELE HAPPY.**

**Hin & weg:** Startpunkt: Ab Bremen mit der Regionalbahn nach Bremerhaven. Von hier aus mit dem Bus 509 bis Haltestelle Weddewarden. Zurück mit der Regionalbahn RB33 ab Wremen über Bremerhaven-Lehe (Umstieg in die RE8/9) nach Bremen.

**Dauer & Strecke:** 5–6 Std., circa 10 km.

**Beste Zeit:** Frühling bis Herbst.

**Ausrüstung:** Sonnenschutz. Wer mag, nimmt Gummistiefel fürs Watt und eine Strandmatte zum Drauflegen mit.

 AUSFLÜGE

# AB AUF DIE INSEL

 ... auf der Flussinsel Harriersand

**#30**

*Weißer, pudriger Sand, zartes mintfarbenes Schilf, vorbeiziehende Segelboote. Nein, das ist nicht die Karibik, sondern die Insel Harriersand. Naturbelassene Strände laden Ruhesuchende, aber auch Familien zum Relaxen, Baden und Spazieren ein.*

#Inselabenteuer  #karibischerSand  #Weserfähre

Brake ist mit über sechs Millionen Tonnen Umschlag der zweitgrößte Hafen Niedersachsens. Mit der MS Guntsiet sind auch Hafenrundfahrten möglich.

Raus aus dem Zug und rein ins maritime Flair. Brake ist geprägt von der Schifffahrt, das spürt man sofort. Die riesigen Silos, Kräne und Schiffe am Hafen versprühen Industriecharme. Bevor es zum Fähranleger geht, der die Flussinsel Harriersand mit dem Festland verbindet, spaziert man eine Runde durch die kleine, feine Fußgängerzone.

An der Kaje wartet schon die Fähre MS Guntsiet, ein gemütliches Schiff Baujahr 1962, auf dem Mensch und Rad Platz finden. Die kurze Überfahrt stimmt direkt ein auf das kleine Inselabenteuer. Frischer Fahrtwind, pure Vorfreude. Die weißen Strände der Flussinsel sind schon von hier aus sichtbar.

Der Harriersand ist Deutschlands größte Flussinsel. Stattliche elf Kilometer misst das Eiland.

Wohnen tun hier aber nur rund 80 Menschen, die Insel wird weitestgehend landwirtschaftlich genutzt.

Der erste Gang führt natürlich direkt ans Wasser. Feinster weißer Sand, wie Puderzucker. Also Schuhe ausziehen und mit den Füßen im Sand graben, das macht Freude, egal, wie alt man ist. Ein gemütliches Plätzchen zum Picknicken ist schnell zwischen dem Schilf gefunden. Beim Schlemmen beobachtet man nun das rege Treiben auf der Weser: Segelboote gleiten über die seichten Wellen, aber auch Frachtschiffe ziehen vorüber. Deswegen sollte man nicht zu weit rausschwimmen, denn so ein Seeschiff kann ordentliche Wellen und Strömungen produzieren. Wer kein eigenes Picknick dabeihat, wird in der Strandhalle (www.strandhalle-harriersand.de) satt. Ob Nordsee-

Fast eine einsame Insel, wie sie im Buche steht. Auf Harriersand wohnen wohl mehr Kühe als Menschen.

krabben, Schnitzel oder Ofenkartoffel, hungrig muss keiner fortgehen.

Die Insel lässt sich ganz einfach zu Fuß erkunden. Entlang des Strandes verläuft die Inselstraße. Hin und wieder gibt es Trampelpfade, die über die Wiesen führen. Eine steife Brise zieht auf, klar, die Nordsee ist ja auch nicht mehr weit entfernt. Am Himmel dann ein Schauspiel: Die Wolken verformen sich kunstvoll, scheinen dahinzufließen. Nur die Kühe sind unbeeindruckt vom Wind, echt norddeutsch eben.

Übrigens: Wer aus dem Tagesausflug einen Miniurlaub mit ausgedehnten Spaziergängen und viel Ruhe machen möchte, übernachtet naturnah auf dem Zeltplatz auf Harriersand (www.zeltplatz-harriersand.de).

**FAZIT: AUF DER INSEL HARRIERSAND WARTEN WEIBER SANDSTRAND UND MARITIMES FLAIR. PERFEKT ZUM ABSCHALTEN.**

**Hin & weg:** Mit der Regionalbahn RS4 ab Bremen Hbf bis Brake (Unterweser). Von hier aus mit der Weserfähre MS Guntsiet auf die Insel Harriersand (Fährzeiten unter www.guntsiet.de).

**Dauer & Strecke:** 1 Tag, Spaziergang knapp 3 km.

**Beste Zeit:** April bis Oktober (Fährzeiten beachten).

**Ausrüstung:** Badesachen, Handtuch oder Decke, Picknick.

# WIESEN-ZAUBER

≥ ... bei einer Radtour nach Fischerhude ≤

In die Pedale treten, der Fahrtwind weht durchs Haar, der Blick reicht weit. Oben die Wattewolken, rechts glückliche Kühe, links Felder. Durch die Wümmewiesen zu radeln macht einfach gute Laune. Kleines Sahnehäubchen: die weltbeste Buchweizentorte in Fischerhude.

#Fernblick #Kuchenvergnügen #Radelglück

Ein Radfahrerparadies! Wer richtig Gas geben will, ist auf den Radwegen durch die Wümmewiesen genau richtig.

→ AUSFLÜGE...

Los geht die Fahrradtour beim Torfhafen am Bürgerpark. Die von hohen Bäumen gesäumte Findorffallee führt hinauf bis zum Stadtwald. Durch diesen radelt man in Richtung Unisee. Herrlich, am Morgen ist hier noch nicht viel los. Neben dem Haus am Walde biegt man nun ab auf den Kuhgrabenweg, der direkt durch das Blockland führt. Eine ganz neue Welt tut sich hier auf: Im Blockland leben mehr Kühe als Menschen. An der Schleuse Kuhsiel geht es nun hoch auf den Lehester Deich in Richtung Borgfeld. Die Wümme auf der einen, weite Felder auf der anderen Seite – ein kleiner Vorgeschmack auf das, was kurz hinter Katrepel beginnt: die Fischerhuder Wümmewiesen.

Die Wümmewiesen sind eine Auenlandschaft, geprägt von der Wümme und vielen Gräben, die das Naturschutzgebiet durchziehen. Neben den Kühen der Milchbetriebe der Region leben hier viele Zugvögel, Fischotter und allerlei Insekten. Einen Überblick kann man sich vom Aussichtsturm am Hollerdeich aus verschaffen. Keine Autos, kein Stadtlärm, wunderbar. Beschwingt geht es wieder aufs Fahrrad, vorbei an einem Blumenfeld zum Selberpflücken.

Herrliches Landleben erwartet einen im 3400-Seelen-Dorf Fischerhude.

Von hier aus geht es nun, immer den Schildern folgend, bis nach Fischerhude. Das Dorf entwickelte sich kurze Zeit nach Worpswede zu einem wichtigen Künstlerort. Eine kurze Rast kann man hier also gut einlegen und in einem der Museen verbringen (etwa im Otto-Modersohn-Museum, www.modersohn-museum.de, oder im Heimathaus Irmintraut). Dann ist Zeit für eine süße Stärkung. Das Café Brettmanshof lockt in seinen idyllischen Garten, in dem

Gibt es etwas Schöneres als einen frischen Blumenstrauß? Und wenn er dann noch selbst gepflückt ist ...

die ohnehin leckere Buchweizentorte noch besser schmeckt.

Der Rückweg führt nun über die Molkereistraße. Ist noch Platz im Rucksack? Dann sollte man bei einem der Regale vor den Häusern haltmachen und sich mit Marmelade, Gemüse oder Obst für wenig Geld eindecken. Frischer und regionaler geht es nicht.

Über den Hexenberg gelangt man zum Radweg, der quer durch die Borgfelder Wümmewiesen führt. Ein Trecker mäht die hohen Wiesen, ein paar Pferde genießen die warme Nachmittagssonne. Ihnen sollte man es gleichtun und auf einer der Bänke Rast machen.

Hinter Borgfeld geht es nun über den Jan-Reimers-Wanderweg durch das Naturschutzgebiet Westliches Hollerland. Das sanfte Abendlicht liegt über den Wiesen, am Horizont zeigen sich der Waller Fernsehturm und der Fallturm der Universität. Von hier aus folgt man den Schildern wieder ins Zentrum bzw. zum Ausgangspunkt am Bürgerpark.

**FAZIT: FAHRRADTOUR MIT WEITBLICK ÜBER DIE WÜMMEWIESEN. PLUS: SÜBER ZWISCHENSTOPP IM KÜNSTLERDORF FISCHERHUDE.**

Hin & weg: Start- und Endpunkt am Bürgerpark.
Dauer & Strecke: 5–6 Std., circa 56 km.
Beste Zeit: Frühjahr bis Herbst.
Ausrüstung: Fahrrad.

# AUSFLÜGE

# GRÜEZI AUF BREMISCH

 ... in der Bremer Schweiz

Über sanft geschwungene Hügel, durch Wald und Wiesenlandschaft geht es bei dieser Wanderung in der Bremer Schweiz. In der Ökologiestation entdecken kleine und große Naturliebhaber Geheimnisse des Waldes, Kräuter und Obstbäume.

#BremerBerge  #NaturaufderSpur  #OmasKuchen

Wie die Schweiz nach Bremen kam? In der Romantik war es üblich, hügelige schöne Landschaften mit dem Zusatz »Schweiz« zu versehen.

Los geht es an der Ökologiestation Bremen (www.oekologiestation-bremen.de), doch diese wird erst nach der Wanderung erkundet. Bevor es in die Wald- und Auenlandschaft geht, führt der Weg über den Schul- und Mühlenweg vorbei an hübschen alten Häusern mit Reetdächern. In einigen lebten früher Walfangkapitäne, woran ein Walkiefer vor einem der Häuser erinnert.

Gegenüber der Pferdekoppel im Mühlenweg führt ein unscheinbarer Weg auf den Thüringer Weg. Früher nutzten die Leuchtenburger und Löhnhorster diesen Pfad als Kirchweg nach Lesum. Besinnlich ist es hier auch heute noch – Vögel zwitschern, Feldmäuse huschen durch das Laub, ein Spechtpärchen flattert von Baum zu Baum. Sonst? Ruhe pur. Der Wald lichtet sich, und die weite Auenlandschaft tut sich auf. Kurz verschnaufen und den Blick ge-

nießen kann man hier prima, mehrere Bänke laden unterwegs zum Verweilen ein.

Am Holthorster Weg angekommen, geht es nun bis zum Reiterhof Lamcken. Hier führt ein Feldweg wieder in einen Horst, wie in dieser Region Wälder oft genannt werden. Stattliche Erlen, Eschen und Hainbuchen wachsen hier. Wer auf leisen Sohlen wandert, kann sogar ein Reh erblicken. Zu sehr abgelenkt darf man allerdings nicht sein, sonst verpasst man den Trampelpfad, der aus dem Wald hinaus auf ein Maisfeld führt. Von hier geht es nämlich auf den Platjenwerber Weg. Der Schotterweg geht vorbei an Feldern und noch einmal hinein in einen Wald, bevor er wieder in den Mühlenweg mündet.

Jetzt ist es an der Zeit für eine süße Pause! Im Café Bruns Garten wird täglich frisch ge-

backen. Ob Eierlikörtorte, Apfelkuchen oder Heidelbeer-Mascarpone-Torte, nach der Wanderung schmeckt alles doch gleich noch ein Stückchen besser.

Frisch gestärkt, geht es anschließend wieder zur Ökologiestation. Auf dem Lehrpfad erkunden kleine und große Naturfreunde den Wald. Im Garten kann man verschiedene Kräuter und Obstsorten kennenlernen, sogar ein Bienenhaus gibt es hier. Da summt man direkt vor Freude gleich mit.

**FAZIT: ENTSPANNTE WANDERUNG FÜR GROß UND KLEIN MIT GEMÜTLICHER EINKEHR ZU FRISCH GEBACKENEM KUCHEN.**

**Hin & weg:** Bus 98 bis Haltestelle Herbartstraße.

**Dauer & Strecke:** Circa 5 Std. inklusive Einkehr und Besuch der Ökologiestation, Wanderung 8 km.

**Beste Zeit:** Frühjahr bis Herbst.

**Ausrüstung:** Wanderschuhe.

# DRAHT-SEILAKt

... im Kletterpark Hatten

#33

*Das Herz klopft vor Aufregung, Eins, zwei, drei, ein beherzter Schritt, und schon tänzelt man konzentriert über schwingende Balken in luftiger Höhe. Im Kletterwald bei Kirchhatten kommen Adrenalinjunkies und jene, die es werden wollen, voll auf ihre Kosten.*

#Adrenalinpur #starkeArme #Balanceakt #Baumliebe

Helm auf, der Gurt sitzt fest, jetzt kann es gleich losgehen. Bei der Einweisung schaut man dem Kletterprofi gebannt und konzentriert zu, schließlich geht es gleich hoch hinaus. Ungewohnt, die schweren Karabiner und eng gezurrten Gurte. Mit der vollen Klettermontur fühlt sich jeder Städter direkt wie ein mutiger Gipfelstürmer.

Die ersten beiden Parcours trainieren den Kletter-Newbie für die folgenden – anspruchsvolleren – Herausforderungen. So tastet man sich wortwörtlich über schwingende Seile und wackelige Holzbalken vor. Insgesamt gilt es sechs Parcours mit über 60 Stationen zu bezwingen. Auch wer sich unsicher fühlt, muss eigentlich keine Angst haben, denn dank modernem Sicherungssystem ist man jederzeit doppelt geschützt.

Tricky, dieses Wörtchen eigentlich. Es kostet schon ein wenig Überwindung, auf einen zehn Meter hohen Baum zu klettern, um dann über ein Drahtseil zum nächsten Baum zu balancieren. Durchatmen, Mut fassen und los – das ist die beste Devise. Mit jeder gemeisterten Station wächst das Selbstbewusstsein, um sich dann der nächsthöheren Herausforderung zu stellen.

Übrigens beansprucht das Klettern den ganzen Körper. Mal sind Armmuckis gefragt, dann die gesamte Körperspannung, um das Gleichgewicht zu halten. Entspannung und jede Menge Spaß bringen die Ziplines, die man immer wieder hinuntersausen darf.

Der anspruchsvollste der sechs Parcours ist den ganz Mutigen vorbehalten: Ein Sprung ins

Fast wie die Seilbahn früher auf dem Spielplatz, nur höher, schneller und etwas cooler. Dank der Ziplines gibt's zwischendrin Kletterverschnaufspausen.

Netz und danach in den Free Fall setzen dem Kletterabenteuer ein spektakuläres Ende. Die Belohnung: ein stolzes Grinsen und vielleicht ja sogar ein Eis! Oder wie wäre es mit einem Sprung ins kühle Nass? Neben dem Kletterwald befindet sich praktischerweise ein Freibad, in dem man die müden Muskeln abkühlen kann.

**FAZIT: NERVENKITZEL IN LUFTIGER HÖHE TRIFFT AUF SPORTLICHES VERGNÜGEN.**

**Hin & weg:** Mit dem Zug nach Oldenburg, von dort aus mit der Buslinie 270 bis Kirchhatten, Haltestelle Freizeitzentrum.

**Dauer:** Sechs Kletterparcours, etwa 3–4 Std. Kletterzeit.

**Beste Zeit:** Frühjahr bis Herbst, das Freibad ist im Sommer geöffnet (Infos und Öffnungszeiten unter www.kraxelmaxel.de/kletterwald-hatten).

**Ausrüstung:** Feste, geschlossene Schuhe, bequeme, flexible Kleidung.

# TEUFLISCHES VERGNÜGEN

 ... bei einer Kanutour auf der Hamme

Pocahontas-Feeling im Teufelsmoor, das gibt's bei einer Kanutour auf der Hamme. Vorbei an grünen Wiesen zieht man über den friedlichen Fluss, findet seinen Paddelrhythmus, und wenn's zu anstrengend wird: einfach Füße hochlegen und ein wenig treiben lassen.

#Teufelszeug  #Kanuspaß  #HammerHamme

→ AUSFLÜGE...

Kanufahren ist ein echtes Workout für die Arme!

Ein bisschen wackelig ist es schon, wenn man das erste Mal in ein Kanu steigt. Aber Übung macht den Meister. Das Paddel in der Hand, die Wertsachen sicher in der wasserdichten Tonne verstaut, ab aufs Wasser. Die ersten Züge aus dem kleinen Hammehafen heraus sind ideal, um die Koordination einzuüben. Denn anders als bei einem Ruderboot paddelt man immer nur auf einer Seite und muss agil ebenjene wechseln. Den Dreh hat man schnell raus, doch beim Paddeln kommt man ganz schön ins Schwitzen. Von draußen sieht das nämlich sehr viel leichter aus.

Doch hier auf der Hamme hat man ja keine Eile. Zum Glück ist die Strömung auch nur gering, ideal für Kanu-Newbies. Ein paar Wasservögel ziehen quietschvergnügt an einem

Gut anleinen. Nicht dass das Kanu ohne Besatzung davonfährt.

vorbei, am Ufer kann man mit wachem Blick sogar ein paar Nester entdecken. Je nach Kondition kann man auf der Hamme länger oder kürzer paddeln. Kleine Abkühlung gefällig? Am Hammehafen gibt's einen kleinen Badestrand.

Früher war auf der 48 Kilometer langen Hamme viel los: Mehr als 1000 Torfschiffe sollen hier unterwegs gewesen sein. Heute trifft man auf Kanu- und Kajakfahrer, Boote und Torfkahnausflügler.

Übrigens kann man im Hammehafen nicht nur solche behäbigen Kanus, sondern auch schlanke Kajaks ausleihen.

Meter um Meter gleitet man nun durchs Wasser, bewundert hin und wieder die eleganten Seerosen, die gerade blühen. Dann: Stimmengewirr in der Ferne. Melchers Hütte ist nicht nur bei Kanuten, sondern auch bei Radfahrern und Wanderern beliebt. Ein Stück Kuchen, erfrischende Limonade oder Hochprozentiges – jedem das, was er gerade braucht. Seit 1815 wird hier schon ausgeschenkt, das urige Fachwerkhaus steht hier schon seit Mitte des 19. Jahrhunderts.

Auf dem Rückweg lohnt ein Halt am Aussichtsturm Neu Helgoland, der dank seiner runden, sich schlängelnden Bauweise fast wie eine Kunstskulptur aussieht.

Extratipp: Wer ein längeres Kanuabenteuer starten möchte, kann im Hammehafen zelten.

Auch mehrtägige Kanutouren sind möglich. Routeninfos gibt es direkt im Hammehafen.

**FAZIT: SO GEHT SOMMER! ENTSPANNTE KANUTOUR AUF DER HAMME MIT ERFRISCHENDER EINKEHR IN MELCHERS HÜTTE.**

Hin & weg: Ab Bremen Hbf bis Worpswede mit dem Bus Nr. 670. Von hier sind es noch circa 30 Min. (2,9 km) zu Fuß. Alternativ ist auch eine Radtour ab Bremen lohnenswert (circa 25 km pro Strecke). Mit dem Auto: Hammeweg 10, 27726 Worpswede.

Dauer: 1 Tag.

Beste Zeit: April bis Oktober. Infos und Öffnungszeiten des Kanuverleihs beim Hammehafen Worpswede unter www.camping-worpswede.de

Ausrüstung: Sonnenschutz, Badesachen.

# → AUSFLÜGE

# STADT, LAND, SAND

 ... die Düne im Verdener Stadtwald

 **#35**

Umgeben von dichtem Wald, verbirgt sich in Verden eine hügelige Sanddünenlandschaft. Doch damit nicht genug: Tierfreunde kommen bei der StadtWaldFarm auf ihre Kosten, kleine Abenteurer toben auf dem Waldspielplatz, und alle genießen es, durch den Wald zu spazieren.

#Sandkistenliebe #Märchenwald #Dünenfieber #fürGroßundKlein

Die Verdener Düne steht bereits seit 1930 unter Naturschutz. Seit 2018 ist auch das Halsebachtal Teil des Naturschutzgebiets.

Vom Bahnhof Verden geht es durch ein ruhiges Wohngebiet zum Stadtwald. Direkt am Waldrand befindet sich die StadtWaldFarm, wo Esel, Ziegen und Schafe darauf warten, gestreichelt zu werden (Öffnungszeiten und Termine unter www.fokus-verden.de/stadtwaldfarm).

Danach geht es hinein in den Wald. Auf unterschiedlichsten Pfaden kann dieser durchquert werden. Picknickplätze gibt es beim Waldspielplatz, wo zwei Seilbahnen Kinderherzen höherschlagen lassen. Der Verdener Stadtwald erstreckt sich nordöstlich des Stadtzentrums über 260 Hektar. Dass Verden eine Reiterstadt ist, merkt man an den vielen Reitwegen im Wald.

Nach einer kleinen Spiel- oder Picknickpause führt jetzt ein schmaler Trampelpfad hinauf auf

Für Kinder ein toller Entdeckerraum: die StadtWaldFarm in Verden.

den 36 Meter »hohen« Schäferberg. Es duftet herrlich würzig nach Holz und Moos. Stehen bleiben, tief einatmen, den Geräuschen des Waldes lauschen.

Vom Schäferberg aus führt der Pfad zum Naturschutzgebiet Verdener Dünen. Rund 15 Hektar groß ist diese Sanddüne, deren sanft geschwungene Hügel bis ins Halsetal führen. Entstanden sind Binnendünen wie diese vor 10 000 Jahren nach der letzten Eiszeit. Früher wanderten die Dünen, heute sind nur noch wenige erhalten. Von einer Aussichtsplattform aus kann man die volle Pracht der Düne sehen. Auch hier gibt es Bänke, auf denen man noch einmal innehalten kann.

Hinter der Düne verdichtet sich der Wald erneut. Vom Halsebachweg geht nun ein Waldweg ab in Richtung Verdener Brunnen. 1670 wurde die Quelle bereits urkundlich erwähnt. Im 18. Jahrhundert florierte das Leben am Brunnen, dessen Wasser Heilkraft nachgesagt wurde. Der Pfad am Brunnen vorbei führt kurz aus dem Stadtwald hinaus. Neben dem Reitverein befindet sich ein Reitweg, diesem einfach wieder in den Wald hinein folgen. Mehrere Waldwege können von hier aus nach Lust und Laune erkundet werden.

Ein Tipp für Familien: Der Magic Park Verden (www.ritterrost-magicpark.de) mit seinem Märchenwald, Floßfahrt, Zaubershows, Riesenrutsche und Streichelzoo ist nur einen 2,5 Kilometer langen Spaziergang entfernt. Verzaubert wird man aber auch so von der Magie des Waldes.

**FAZIT: IM STADTWALD VON VERDEN VERBIRGT SICH EINE HÜGELIGE GROßE SANDDÜNENLANDSCHAFT. WÜSTENFEELING MEETS WALD, ETWAS GANZ BESONDERES.**

**Hin & weg:** Von Bremen Hbf bis Bahnhof Verden (Aller) mit der RS1 oder RS8.

**Dauer & Strecke:** Ein halber bis ganzer Tag, circa 9 km.

**Beste Zeit:** Frühjahr bis Herbst.

**Ausrüstung:** Festes Schuhwerk, Picknick und witterungsangepasste Kleidung.

# GRENZ-GÄNGER

... Wanderung entlang der Alten Weser

Wie man sich auch dreht und wendet, das Wasser ist immer dabei. Zwischen Wieltsee und Korbsee führt diese Wanderung ab Dreye immer den Weserlauf entlang. Kurz mal nass machen? Geht prima in der Alten Weser. Außerdem? Schafe, Wasservögel und Schiffe gucken.

#vordenTorenBremens #Deichkieker #maritim #süßeSchafe

Da will man doch direkt ins kühle Nass springen. Auch wenn es hier keine Infrastruktur gibt, wird die Wasserqualität regelmäßig geprüft.

Dreye befindet sich bereits in Niedersachsen, und gefühlt liegt die Bremer Innenstadt meilenweit entfernt. Landstraßen, Einfamilienhäuser, üppige Gärten. Über den Deichverteidigungsweg geht es zuerst in Richtung Wieltsee. In der Ferne zeigen sich Windräder, links der grüne Deich, rechts die grünen Felder, ein paar rote Mohnblumen setzen Akzente. Verteidigt werden muss der Deich hier wohl kaum noch, so friedlich ist es hier.

Am Wieltsee befindet sich der Jachthafen Marina Wieltsee. Schiffliebhaberherzen schlagen höher beim Anblick der prachtvollen Jachten, die hier liegen. Ein wenig Hafenflair dürfen auch Nicht-Bootsbesitzer in der Gaststätte Smokey Island (www.smokey-island.de) schnuppern. Am Wochenende gibt es auch noch eine kleine Eisbude für alle Schleckermäuler.

Von hier aus geht es weiter zur Alten Weser, einem Altarm. Am Weg entdeckt man mit Glück Schafe und sogar herzallerliebste Lämmchen, die ihren ersten Sommer genießen. Die Alte Weser lädt nun zum Verweilen und Picknicken ein, am Ufer des neun Hektar großen Sees findet jeder ein ungestörtes Plätzchen. Abkühlung gefällig? Dann schwupps die Badesachen an und rein ins kühle Nass.

Ab hier beträgt die Wanderung noch etwa fünf Kilometer. Der Alte Weser Parkweg führt nun an der Weser entlang. Schiffe tuckern vorbei, wie schnell die Strömung der Weser ist, fällt im direkten Vergleich mit dem ruhigen See auf. Nach einem kurzen Abschnitt durch ein ländliches Wohngebiet hinterm Deich steigt man wieder hinauf, dieses Mal bereits in Bremen. Vom Arster Weserdeich aus hat man eine

hervorragende Weitsicht über den Fluss. Beim Wassersportverein Hanse Kogge am kleinen Korbsee darf man durchschnaufen, hier geht es runter vom Deich und zurück in die Stadt.

**FAZIT: ABWECHSLUNGSREICHE WANDERUNG MIT VIEL MARITIMEM FLAIR UND BADEMÖGLICHKEIT.**

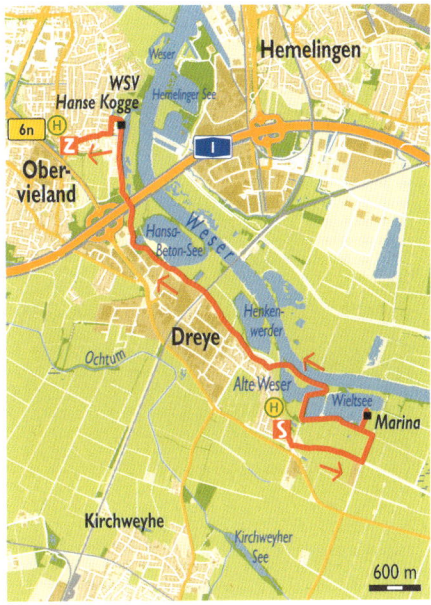

**Hin & weg:** Start an der Haltestelle Dreye Döhrmann (Bus 750), Ende Haltestelle Bremen Senator-Theil-Straße (Bus 51).

**Dauer & Strecke:** 5–6 Std., 11 km.

**Beste Zeit:** Baden in der Alten Weser im Sommer, ansonsten ganzjährig schöne Tour.

**Ausrüstung:** Bequeme Schuhe, Badebekleidung und Handtuch, Snack für unterwegs.

# SPUREN-
# SUCHE

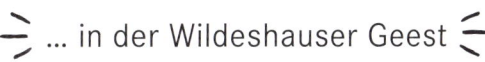
... in der Wildeshauser Geest

Schaurig schön ist diese Wanderung zu den Hünengräbern und dem Pestruper Gräberfeld. Denn hier können Hobbyarchäologen der Grabeskultur zwischen Stein-, Bronze- und Eisenzeit auf den Grund gehen. Im August zieht ein zeitgenössisches Spektakel die Besucher in den Bann: die Heideblüte.

#Archäologie  #lilaLaune  #Heideblüte  #wildeGeest

Die Wanderung folgt ein Stück weit dem Hunteradweg, einem 133 Kilometer langen Fernweg von Elsfleth bis zum Dümmer See.

Die Spurensuche beginnt im beschaulichen Wildeshausen. Durch die Fußgängerzone gelangt man zügig zum Hunteufer.

Über den Huntweg wandert man nun hinaus ins Grüne. Wildgänse quaken vergnügt auf dem Fluss. Bevor es über eine Brücke auf einen Feldweg geht, möchten die vielen kunterbunten Blumen bewundert werden. Dem Marschweg folgend, erreicht man bald wieder eine Brücke, über die man zum Rosengarten gelangt. Rosen gibt es hier allerdings keine, der Name stammt aus der Zeit, als hier Pferde (Rosse) rasteten. Stattdessen wird es hier nun wild. Ein schmaler, dicht bewachsener Pfad führt bis in die Bauerschaft Pestrup.

Auf der einen Seite das dichte Unterholz des Waldes, auf der anderen Maisfelder. Plötzlich bewegen sich die Maiskolben: Eine verdutzte Rehherde hat gerade zu Mittag gegessen und huscht hastig in den Wald hinein.

In Pestrup gegenüber von der Bushaltestelle weist ein Schild zu den Kleinenkneter Steinen. Mitten zwischen Kartoffel- und Maisfeldern befinden sich hier zwei Hünengräber aus der Jungsteinzeit. Das restaurierte Hünengrab I misst sagenhafte 49 Meter. Wer ist mutig genug, um in die Höhle hineinzukrabbeln? Das zweite Hünengrab ist auch für Angsthasen begehbar, denn die drei Grabkammern liegen frei. Wer sich nun ein wenig gruseln möchte, packt am Picknickplatz neben dem Hünengrab seinen Proviant aus. Wer weiß, ob es hier nicht spukt?

Frisch gestärkt, geht es nun vorbei an Feldern und durch ein Wäldchen direkt zu den Pestruper Gräberhügeln. Auf 35 Hektar verteilt befinden sich hier 531 Gräberhügel aus der Bronze- und Eisenzeit. Grabschmuck braucht es hier wahrlich keinen: Denn die Heidelandschaft blüht im August in allen Lilaschattierungen, die man sich vorstellen kann. Bei genauem Hinsehen entdeckt man viel Leben: Sandbienen, Heidelerchen und farbenfrohe Schmetterlinge.

Ist man im Frühjahr oder Herbst unterwegs, verpasst man zwar das saftige Lila der Heideblüte. Allerdings stehen dann die Chancen gut, die Heidschnuckenherde in Action zu erleben, die die Heidelandschaft pflegt. Neben dem Schafkoben verläuft der Wanderweg durch Wald zurück nach Wildeshausen.

Gruselfaktor Gräberkult. Auch jüngere Wanderer kann man hier sicher für Archäologie begeistern. Die Hünenbetten wurden zwischen 1934 und 1939 ausgegraben.

Wer jetzt unter die Hobbyarchäologen gehen möchte, kann sich freuen: Die Kleinenkneter Steine und das Pestruper Gräberfeld sind nur zwei von 33 Stationen der Straße der Megalithkultur (www.strassedermegalithkultur.de).

**FAZIT: WILD, WILD GEEST! HÜNENGRÄBER, HEIDEBLÜTE UND HUNTE MACHEN EINEN AUSFLUG IN DIE WILDESHAUSER GEEST ZU EINEM ECHTEN ABENTEUER.**

**Hin & weg:** Mit der Regionalbahn RB58 ab Bremen Hbf bis Wildeshausen-Bahnhof.

**Dauer & Strecke:** Etwa 6 Std., circa 15 km.

**Beste Zeit:** August zur Heideblüte.

**Ausrüstung:** Wanderschuhe, Picknick für unterwegs.

 → AUSFLÜGE ...

# IM APFEL-FIEBER

⇉ ... auf der Obstplantage in Riede ⇇

**#38**

*Im Oktober sind sie wieder da: knackfrische Äpfel, saftige Birnen und aromatische Zwetschgen. Ob Naschkatze oder Backfee, bei Schröders Obstplantagen kommen alle ins Schwärmen. Das i-Tüpfelchen ist das Gartencafé zwischen den Apfelbäumen, wo man nach getaner Arbeit ein Stück Kuchen verputzt.*

#handverlesen  #frischergehtsnicht  #Obstsalat  #Vitaminkur

Heute wird geerntet. Frische Äpfel, Birnen und Zwetschgen – direkt vom Baum in den Korb. Oder in den Mund. Denn bei Schröders Obstplantagen in Riede ist Naschen erlaubt. Los geht es bei den Zwetschgen. Diese sind schon so reif, dass der süße Saft von den Fingern tropft, wenn man hineinbeißt. Zum Glück sind die violetten Früchtchen so klein, dass auch eine ganze im Mund Platz findet.

Von hier geht es zu den Birnen. Lecker, in eine feste Birne zu beißen. Alle Früchte kosten übrigens gleich viel, sodass man getrost in den selbst mitgebrachten Taschen die Ernte mischen kann.

Bereits in den 1950er-Jahren beginnt die Geschichte des Familienbetriebs. Damals gründete Hans Schröder seinen Baumschul- und Obstbaubetrieb. Seit 1965 dürfen Naturliebhaber auch selber Obst pflücken. Mittlerweile wachsen auf rund 14 Hektar Land zehn verschiedene Apfelsorten, Birnen, Zwetschgen, Kirschen, Mirabellen und Nektarinen.

Die ersten Taschen sind bereits gefüllt, nun geht es zu den Äpfeln. Reihe um Reihe stehen sie nun da: hellgrün, gelb-orange, tiefrot. Boskoop, Jonagold, Rubinette – jede Sorte hat ihren eigenen Geschmack und Charakter. Wer sich richtig eindecken möchte, schnappt sich eine der Schubkarren und erntet, was das Zeug hält. Praktisch: Über die Plantagen führt ein Feldweg für Autos, sodass man relativ nah an den Plantagen parken kann.

Nach vollendeter Arbeit folgt noch ein weiteres Vergnügen. Zwischen Apfelbäumen befindet sich das urige Gartencafé. Die Auswahl an frisch gebackenen Kuchen ist groß:

Heute heißt es: Aber bitte mit Sahne! Wer fleißig Obst gepflückt hat, darf danach auch ordentlich bei einem selbst gebackenem Stück Kuchen zuschlagen.

Apfelkuchen, Zwetschgenkuchen vom Blech, Käsekuchen und, und, und. Ein ordentliches Stück – natürlich mit Sahne – und ein Pott Kaffee dazu, pures Glück. Besser kann der Herbst nicht starten, oder?

**FAZIT: DIREKT VON DEN BÄUMEN NASCHEN, OBST FÜR DAHEIM PFLÜCKEN UND ZUM SCHLUSS EIN STÜCK KUCHEN GENIEßEN.**

**Hin & weg:** Anfahrt mit dem PKW nach Riede bei Thedinghausen. Adresse: Zum Voßmeyer 2, 27339 Riede.

**Dauer:** Halber Tag.

**Beste Zeit:** Mitte August bis Ende Oktober. Erntesaison und Öffnungszeiten unter www.schroeder-baumschulen.de

**Ausrüstung:** Taschen oder Eimer für das gepflückte Obst.

# HOLLER, DIE WALDFEE!

 ... Rundwanderung durchs Moor bei Hude

Felder, Wald- und Moorlandschaft. Ein bisschen Kultur gibt's in Hude bei der Klosterruine auch noch on top. Diese Wanderung im Holler Moor verbindet allerlei und macht darum sowohl Kultur- als auch Landschaftsinteressierten gute Laune an der frischen Luft.

#Birkenwald  #Moorgeflüster  #Klosterruine

Das kleine Örtchen Hude liegt zwischen Oldenburg und Bremen und ist umgeben von einer vielfältigen Landschaft.

→ AUSFLÜGE...

Vom Bahnhof Hude aus geht es erst mal durch die Parkstraße bis zur Höhe der Tankstelle. Hier einmal die Straße vorsichtig kreuzen und gleich in den Wald hinein, in dem es nämlich sehr viel schöner zu laufen ist als an der befahrenen Hauptstraße.

Bald gelangt man aus dem Grün heraus in die Kirchstraße. Von hier aus sind es nur noch wenige Meter bis zur Huder Klosterruine. Ruine klingt so heruntergekommen – dabei kann sich das Zisterzienserkloster, das hier im 13. Jahrhundert errichtet wurde, durchaus sehen lassen. Die hohen Backsteinmauern, Arkaden und Schmuckkonsolen sind wirklich beeindruckend. Aufgrund der Steinschlaggefahr werden nur geführte Besichtigungen angeboten (Termine unter www.klosterhude.de).

Am Bach dann ein Rascheln. Eine Herde Ziegen schaut neugierig durch den Zaun. Vorbei geht es an der Klosterschänke. Wo Mönche früher Bier brauten, kommt heute gutbürgerliche Küche auf den Tisch. Und Bier gibt es natürlich immer noch (Öffnungszeiten unter www.klosterschaenke-hude.de).

Neben der Ruine befindet sich ein kleines Museum mit Infos zur Klostergeschichte.

An der gegenüberliegenden Kirche führt der Linteler Kirchweg nun vorbei an goldgelben Getreidefeldern. Was für ein harmonischer Anblick, wie sich die Ähren im Wind unter stahlblauem Himmel samt Wattewolken wiegen.

Dann führt der Weg hinein in das Reiherholz, einen urwüchsigen Wald mit vielen Wegen. Um zum Holler- und Wittemoor zu gelangen, folgt man dem Waldweg gen Norden in Richtung Hinterm Reiherholz.

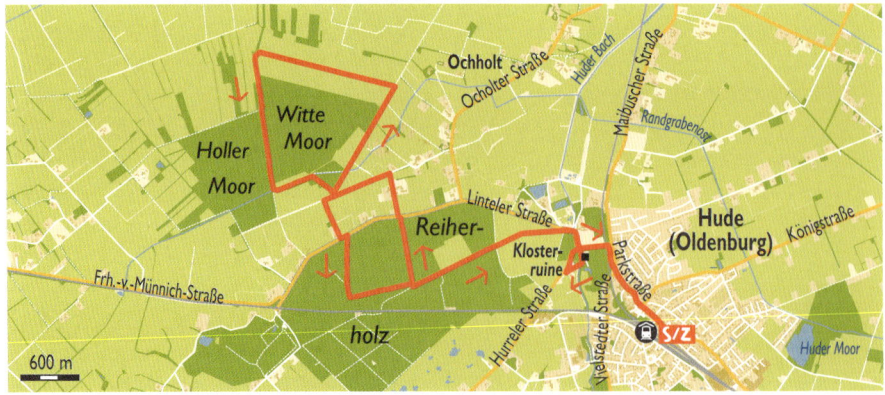

Fast wie ein Märchenwald wirkt der dichte Birkenwald im Witte Moor.

Das Moor wartet. Drei Rundwege führen durch das Naturschutzgebiet, das in den 1980er-Jahren renaturiert wurde. Heute fühlen sich hier Moorfrösche, Libellen und verschiedene Vogelarten wohl. Kurz bevor es auf den blauen Rundweg geht, sagen noch ein paar neugierige Schweine und Hühner den Wanderern Hallo, die an dem Bauernhof vorbeikommen.

Die ersten Kilometer sind bald geschafft, jetzt ist es Zeit für ein Picknick. So ein belegtes Brötchen schmeckt an der frischen Luft gleich zehnmal besser. Nun führt der Rundweg durch den schönsten Abschnitt: tief hinein ins Moor. Ein uriger schmaler Pfad schlängelt sich durch den dichten Birkenwald. Wie weich der Moorboden ist! Im wiedervernässten Teil des Moores kann man sich von einem Aussichtsturm aus noch einen Überblick verschaffen.

Den Abschluss der Moorrunde macht der Bohlenweg, wo Infotafeln die Geschichte des Moores und seiner Nutzung erläutern. Zurück nach Hude geht es wieder durch das Reiherholz und über den Linteler Kirchweg, dann ist der Ausgangspunkt wieder erreicht.

**FAZIT: KULTUR, MOOR, WALD, FELD. RUND UM HUDE GIBT ES VIEL ZU ENTDECKEN.**

**Hin & weg:** Mit dem Regionalzug (RE1, RS3, RS4) ab Bremen Hbf bis Hude Hbf.

**Dauer & Strecke:** Etwa 5–6 Std., 17 km.

**Beste Zeit:** Frühjahr bis Herbst.

**Ausrüstung:** Bequeme Schuhe, Verpflegung für unterwegs.

# INTO THE JUNGLE

 ... im Hasbrucher Urwald

Tief einatmen, den würzigen Duft von Holz, Moos und Laub wahrnehmen. Naturliebhaber finden im Hasbrucher Urwald einen ursprünglichen Wald, denn hier wurde seit 150 Jahren nicht mehr in die Natur eingegriffen. Im Herbst, wenn unzählige Pilze blühen, gibt es auch am Boden viel zu entdecken.

#Dschungelfieber #Waldgeflüster #Herbstfarben #WildesDeutschland

Auch für Wissenschaftler ist der Hasbrucher Urwald spannend, um Waldökosysteme zu erforschen.

→ AUSFLÜGE

An einem unscheinbaren Parkplatz führt ein Weg in den Hasbrucher Urwald. Binnen weniger Minuten taucht man ein. In einen wilden Wald, der seit 150 Jahren sich selbst überlassen wird. Der Hasbrucher Urwald ist ein ehemaliger Hutewald (also ein Wald, der als Weide für Vieh genutzt und dadurch bewirtschaftet wurde). Nach der intensiven Nutzung im 17. und 18. Jahrhundert wurde der Hasbruch ab 1800 wieder bepflanzt. Die alten Eichen, für die der Hasbruch bekannt ist, stammen aus dieser Zeit.

Heute ist der Hasbrucher Urwald ein knapp 56 Hektar großes Naturschutzgebiet, dessen Herzstück der etwa 40 Hektar große Naturwald im Zentrum bildet. Daher rührt auch die Bezeichnung Urwald – denn hier darf sich der Wald so entwickeln, wie Mutter Natur und der Lauf der Zeit es wollen. Schlanke hohe Baumriesen, dicke knorrige Eichen, mit Moos bewachsene Baumstämme auf dem Boden. Man könnte meinen, in einen verwunschenen Märchenwald gestolpert zu sein.

Diverse Waldwege führen durch den Hasbruch, einige sind für Fahrradfahrer oder Reiter freigegeben, viele jedoch nur zu Fuß zu erkunden. Am schönsten ist der verschlungene Urwaldpadd, der hinter den Resten der Amalieneiche beginnt. Hier wird der Weg eher ein Pfad – wie der plattdeutsche Name Padd auch schon vermuten lässt.

Eine Besonderheit des Naturwaldes ist die große Menge an Totholz, auf und in dem ganz viel Leben entstehen kann. Mit viel Glück kann man sogar einen Feuersalamander entdecken.

Mehr als 1500 Pflanzen- und Tierarten leben im Hasbruch, dabei sind die vielen Pilzsorten noch nicht einmal mitgezählt. Und davon gibt es hier jede Menge. Im Herbst zeigen sie ihre ganze Pracht. Mal klein und ganz zart, dann wuchtig, manche türmen sich aufeinander, andere wachsen keck auf Totholz. Dank des Naturschutzes können viele Wanderer sich an den Pilzen erfreuen, denn das Sammeln ist hier verboten.

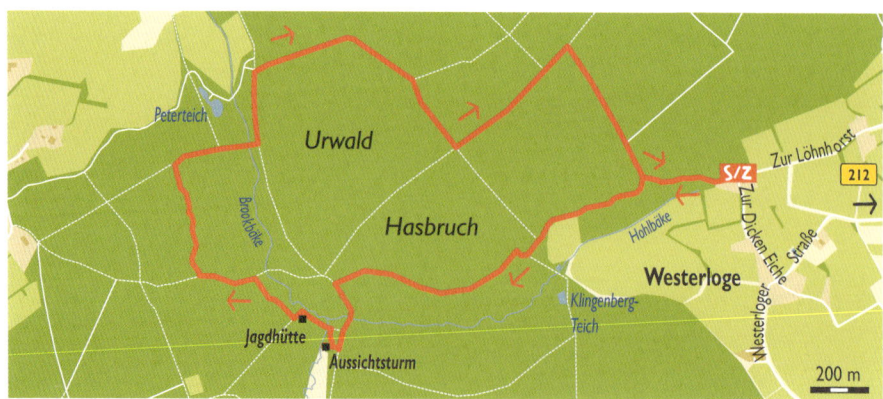

Über den Falkenburger Weg überquert man die Bäke, einen renaturierten Bach, der sich durch den Wald schlängelt. Nur wenige Meter entfernt befinden sich der Aussichtsturm und die Jagdhütte. Ein guter Ort für eine kleine Rast. Was huscht da über das Laub? Ein Skorpion? Nein, ein schwarzer Moderkäfer, der sich bei Gefahr wie ein Skorpion verhält. Der kleine Kerl hebt sein Gesäß an und geht in Angriffsstellung.

Nach der Rast geht es über den Friederikenpadd vorbei an der imposanten Friederikeneiche, deren Alter auf etwa 1200 Jahre geschätzt wird. Um die Waldrunde zu beenden, folgt man nun den Waldwegen zurück in Richtung Parkplatz. Mit seinem dichten Wegenetz kann man natürlich auch sehr viel längere Spaziergänge durch den Hasbrucher Urwald unternehmen.

**FAZIT: WALDLUFT ATMEN = RUNTERKOMMEN. IM HASBRUCHER URWALD IST DIE NATUR URSPRÜNGLICH UND WILD.**

**Hin & weg:** Am einfachsten ist die Anfahrt mit dem PKW. Mehrere Parkplätze befinden sich am Rand des Waldes (siehe Wanderkarte auf unten genannter Website). Alternativ fährt der Bus 220 ab Bookholzberg (Regionalbahn RS3) bis Grüppenbühren Hollen. Von hier aus sind es aber immer noch 3 km zu Fuß.

**Dauer & Strecke:** Halber Tag, circa 9 km.

**Beste Zeit:** Frühling bis Herbst, vor allem im Herbst zur Pilzsaison schön (zum Betrachten, das Sammeln ist nicht erlaubt).

**Ausrüstung:** Bequeme Schuhe, Verpflegung für unterwegs. Eine praktische Wanderkarte steht zum Download unter www.hasbruch.de zur Verfügung.

# 3. KAPITEL
# MINIURLAUB

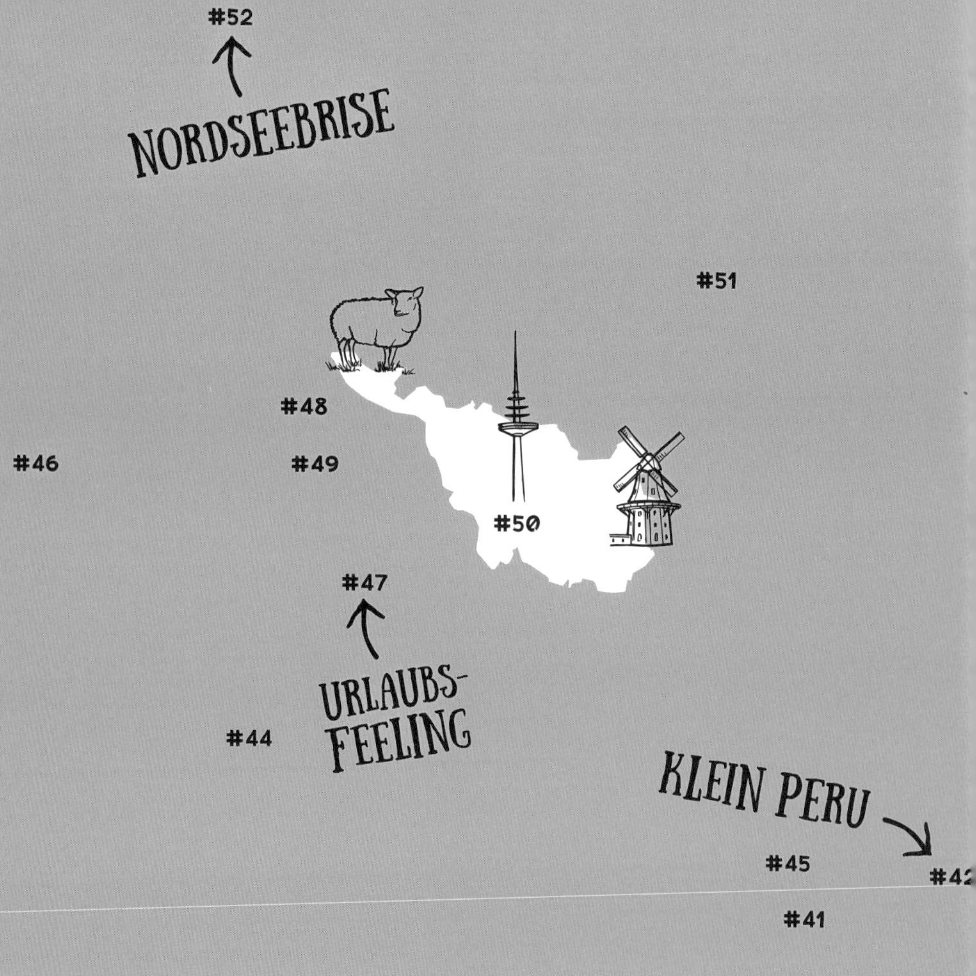

#52 ↑ NORDSEEBRISE

#51

#48

#46  #49

#50

#47 ↑ URLAUBS-FEELING

#44

KLEIN PERU ↘

#45  #42

#41

#43

## Ferien für ein Wochenende

*Wilde Tiere beobachten, romantische Strände erkunden oder die Weite des norddeutschen Himmels genießen – fertig ist das perfekte Outdoorwochenende.*

# 36 H

| | | |
|---|---|---|
| #41 | ... auf dem Grafenring in Hoya | Seite 174 |
| #42 | ... in Klein Eilstorf | Seite 178 |
| #43 | ... in der Jurte in Wietzen | Seite 182 |
| #44 | ... rund um die Hunte in Dötlingen | Seite 186 |
| #45 | ... im Wolfcenter in Dörverden | Seite 190 |
| #46 | ... auf dem Zwischenahner Meer | Seite 194 |
| #47 | ... am Falkensteinsee | Seite 198 |
| #48 | ... am Elsflether Sand | Seite 202 |
| #49 | ... nach Oldenburg | Seite 206 |
| #50 | ... in der Schiffsherberge auf der Weser | Seite 210 |
| #51 | ... im Huvenhoopsmoor | Seite 214 |
| #52 | ... in Butjadingen an der Nordsee | Seite 218 |

→ MINIURLAUB

# AB DURCH DIE MITTE

 ... auf dem Grafenring in Hoya

**#41**

*Zwei Tage auf zwei Rädern bedeutet doppeltes Glück. Diese Radtour führt vorbei an goldenen Feldern, historischen Mühlen und schmucken Bauernhöfen. Unterwegs laden Hofcafés zur Rast ein, genächtigt wird in einer Hütte am See. Alltagsgedanken ade.*

#Radelglück  #Mühlen  #Wasserbüffel  #Landliebe

Die Eystruper Mühle aus dem Jahr 1861, ein Galerieholländer, ist nach der Restaurierung voll funktionsfähig.

Von Eystrup aus weist ein etwa fünf Kilometer langer Zufahrtsweg auf den offiziellen Grafenring (blauer Ring). Schon diese wenigen Kilometer führen vorbei an schmucken Pferdehöfen, einem blühenden Getreidefeld und der Eystruper Mühle. In Gandesbergen aufgepasst, da ist er: Der rote Ring auf den Fahrradschildern weist nun den Weg. Zuerst geht es in Richtung Hämelsee, mitten durch das Waldgebiet Eystruper Bruch. Über eine Landstraße führt der Weg nach Hämelhausen. Hungrig? Dann ist hier der ideale Ort für ein Picknick.

Das nächste Dorf ist Hassel. Hier lohnt es sich, kurz vom Rad abzusteigen und die kleine Hasseler Kirche zu besichtigen. Noch mehr Kultur gibt es in Hoya zu sehen. Der Sage zufolge erbaute der Graf von Hoya hier auf einer Weserinsel seine Burg. Diese steht zwar nicht mehr, trotzdem kann man noch viel Geschichte dank

der Fachwerkhäuser entdecken. Wer noch etwas Proviant benötigt, findet in Hoya gleich mehrere Supermärkte.

Nun geht es schnurstracks nach Eitzendorf, wo auf dem Campingplatz am Alveser See das Nachtlager wartet. Kurze Abkühlung gefällig? Gut, dass die Badehose im Gepäck ist. Für ein zünftiges Abendessen radelt man zum Gasthaus zur Post (www.gasthauszurposteitzendorf.eatbu.com). Wenn die Beine zu müde sind, bestellt man sich einfach eine Pizza bei Pizza Blitz in Hoya (Tel. 04251 6100).

Am nächsten Morgen führt der Weg zum Mittelpunkt Niedersachsens. Dieser befindet sich in der Feldmark nahe dem beschaulichen Hoyerhagen. Perfekt für einen Müsliriegel auf der zentralsten Bank Niedersachsens mit Blick auf die stattliche Flagge. Das nächste Highlight liegt nur wenige Kilometer entfernt: die dreigeschossige Windmühle Hoyerhagen aus dem Jahre 1866. Nun wird es abenteuerlich: Hinter Riethausen beginnt ein drei Kilometer langer unbefestigter Abschnitt, der zuerst durch einen Wald, dann über Schotter führt.

Wer nun aus der Puste ist, kann sich auf ein Stück Torte im Café Heimatliebe (www.okelmanns.de) freuen. Vorher sollte man aber Ausschau nach weidenden Wasserbüffeln halten, die zum Wasserbüffelhof Warpe gehören. Imposante Tiere!

Frisch gestärkt, folgt nun die letzte Etappe: Durch ein Wäldchen geht es nach Schweringen, wo ein weiteres Schmankerl wartet, die

Da staunt man nicht schlecht, wenn die elektromotorbetriebene Fähre sich langsam über die Weser schiebt. Die Geschichte der Fähre reicht bis ins 15. Jahrhundert zurück.

Weserfähre. Die Hochseilfähre wurde früher überwiegend von den Bauern benutzt, heutzutage bringt sie zwischen März und Oktober Radfahrer trocken über die Weser (Fährzeiten unter www.faehre.schweringen-news.de). Ein gebührender Abschied vom Grafenring! Über den gleichen Zubringerweg geht es kurz hinter Gandesbergen nun wieder nach Eystrup.

**FAZIT: ABWECHSLUNGSREICHE RADTOUR VORBEI AN MÜHLEN, HÖFEN UND FELDERN. LANDIDYLLE PUR.**

**Hin & weg:** Anreise ab Bremen Hbf mit der RE1 oder RE8 bis Bahnhof Eystrup (Fahrradmitnahme im Zug möglich).

**Dauer & Strecke:** Zwei Tage, etwa 75–80 km.

**Beste Zeit:** Frühjahr bis Herbst.

**Ausrüstung:** Fahrrad, Badebekleidung, eventuell Zelt, Proviant für unterwegs.

**Wenn es Nacht wird:** Auf dem Campingplatz am Alveser See in Eitzendorf (www.campingplatz-weserradweg.de) kann man zelten oder in der urigen Campinghütte schlafen.

# FLAUSCHIGE AUSSICHTEN

≽ … bei einer Alpakawanderung in Klein Eilstorf ≼

# #42

*Süß, süßer, Alpaka! Mit ihren großen Knopfaugen und dem fluffigen Fell zaubern Alpakas auch dem ernstesten Norddeutschen ein Lächeln ins Gesicht. Deswegen nichts wie hin nach Klein Eilstorf, das Tipi beziehen und auf ein Tête-à-Tête mit den Alpakas einstellen.*

#Alpakahimmel  #tierischvergnügt  #Tipi  #ohwiesüüüß

→ MINIURLAUB...

Durchschnittlich bringt ein Alpaka zwischen 55 und 65 Kilogramm auf die Waage. Damit sind sie etwas kleiner als ihre Verwandten, die Lamas.

Darf ich es anfassen? Beißt es? Hibbelig wie ein kleines Kind fühlt man sich, wenn man das erste Mal vor einem Alpaka steht. Typisch Großstadtmensch eben. Dabei sind Alpakas die wohl entspanntesten Zeitgenossen überhaupt. Abgesehen von Faultieren vielleicht.

An der Weide 2 der Alpakafarm Seelenheil Alpakas versammeln sich die Alpaka-Newbies, die Vorfreude ins Gesicht geschrieben. Ob Rentner oder Teenager, beim Anblick der Alpakas sind sich die Generationen einig: Sind die süüüß! Während nun die Alpakas zu ihren Wanderpartnern finden, löst sich die Stimmung in der Wandergruppe zunehmend. Ernst bleiben kann man in ihrer Nähe nämlich überhaupt nicht.

Alpakas stammen aus den südamerikanischen Anden, wobei sie hauptsächlich in Peru leben. Zum Glück muss man nicht um die halbe Welt fliegen, um den sanftmütigen Kleinkamelen nahe zu kommen. Apropos nahe kommen: Das sollte man »seinem« Alpaka bei der Wande-

rung unbedingt und es ausgiebig streicheln. Bei dem weichen Fell ist es kein Wunder, dass Alpakawolle immer beliebter wird.

So, jetzt geht es los. Den Ton geben nun die Vierbeiner an – gemeinsam setzen sich Hermine, Freddy, Siri und ihre Freunde in Bewegung. Kreative Namen für eigensinnige Köpfe. Denn jedes Alpaka hat seine eigene Mimik, seinen eigenen Charakter. In der Herde wird nun im Schnecken-, Pardon, Alpakatempo gewandert. Zu lecker ist das Gras am Wegesrand. Ein bis zwei Kilogramm Heu oder Gras frisst so ein Alpaka am Tag.

Dass die flauschigen Gefährten absolute Herdentiere sind, merkt man beim Laufen ganz deutlich. Geht Stammesältester Nils voran, zuckelt der Rest gemütlich hinterher. Witzig wird es auf dem sandigen Waldboden. Freddy entscheidet sich für ein genüssliches Sandbad, woraufhin sich alle anderen dazugesellen. Auf Strecke kommt es heute nicht an, mit Alpakas zu wandern bedeutet, sich auf den Rhythmus der Tiere einzulassen. Runterkommen. Die Zügel metaphorisch – aber nicht wortwörtlich – quasi aus der Hand zu geben.

Nach der Wandertour endet das Alpakaabenteuer noch nicht: Heute wird nämlich im Tipi geschlafen. Romantisch, wenn die Sonne sich verabschiedet, die Sterne sich langsam am Horizont zeigen und man den Alpakas bei ihrer Abendroutine zusehen kann. Wenn man sich später in den Schlafsack kuschelt und noch nicht einschlafen kann, hilft nur eines: Alpakas zählen. Ein Alpaka, zwei Alpakas, drei Alpakas … zzZZZ.

Es gibt verschiedene Alpakatouren: vom gemütlichen Spaziergang über längeres Trekking samt Picknick bis hin zur Mondscheintour mit anschließendem Lagerfeuer.

**FAZIT: ALPAKAS MACHEN EINFACH GLÜCKLICH UND SORGEN BEI GROBSTADTGESTRESSTEN DIREKT FÜR ENTSCHLEUNIGUNG.**

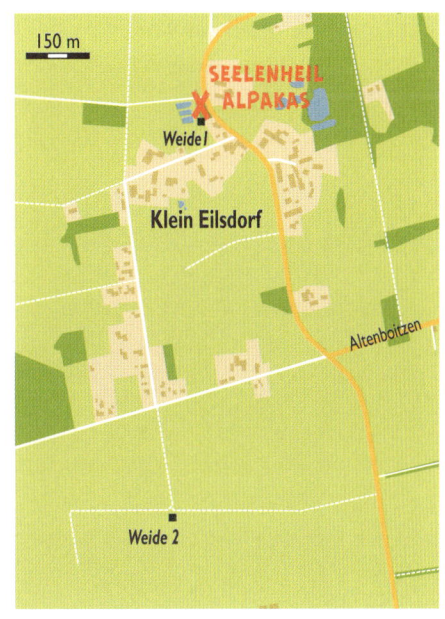

**Hin & weg:** Anfahrt mit dem Auto, da Klein Eilstorf sehr ländlich liegt. Adresse: 29664 Klein Eilstorf, Weide 1 oder Weide 2.

**Dauer:** 1,5 Tage.

**Beste Zeit:** Frühjahr bis Herbst. Termine und Buchung bei Seelenheil Alpakas unter www.seelenheil-alpakas.de

**Ausrüstung:** Bequeme Schuhe, Schlafsack, eventuell Kissen und Taschenlampe, Mückenspray im Sommer, Wasser für die Wanderung.

**Wenn es Nacht wird:** Schlummern bei den Alpakas im gemütlichen Tipi – Glamping der besonderen Art. Abends wird gegrillt (ein vorbereitetes Grillpaket kann direkt mitgebucht werden).

# IN DER KLEINEN MONGOLEI

... Übernachten in der Jurte

## #43

*Kurzurlaub in Asien gefällig? Dann schleunigst ab nach Wietzen auf den Kleinen Hof. Zwischen Hühnern, Ziegen, Schafen und Hochlandrindern nächtigt man in einer originalgetreuen mongolischen Jurte. Die pure Lust am Landleben für Groß und Klein!*

#Fernost  #tierischgut  #Landluftschnuppern

In die Sauna kommt das Kamerunschaf natürlich nicht mit. Möchte es bei der dichten Wolle wohl auch eher ungern.

Versteckt auf dem platten Land befindet sich der Kleine Hof in Wietzen. Ein paar bunte Briefkästen vor dem Bauernhaus verraten: Hier wird mit viel Liebe zum Detail ein echtes Kleinod gepflegt.

Zuerst wird das Nachtlager bezogen, und das ist wahrlich etwas Besonderes: Denn heute wird in einer mongolischen Jurte genächtigt. Ohne Ecken und Kanten, dafür aber urgemütlich und komfortabel. Glamping der absoluten Extraklasse, quasi. Der Begriff Jurte leitet sich übrigens vom türkischen Wort Yurt ab, was so viel wie Heimat oder Heim bedeutet. Vor allem in der Mongolei, Kasachstan und Kirgisistan ist die Jurte verbreitet, da hier früher viele Menschen als Nomaden lebten. Durch ihre geschickte Bauweise sind Jurten nämlich rasch auf- und abbaubar.

Bevor es aber ins Bett geht, erkundet man den Hof. Neugierige schottische Hochlandrinder schauen über den Zaun. Und auch die Schafe kommen herbeigelaufen, es könnte ja etwas

Schottische Hochlandrinder fühlen sich auch in Norddeutschland wohl, das Wetter ist ja auch ähnlich.

zu fressen geben. Ein paar Streicheleinheiten möchten auch die Zwergziegen einheimsen. Große und kleine Naturburschen kommen hier also voll auf ihre Kosten. Wer Lust hat, packt direkt mit an: ob beim Füttern oder Ausmisten. Auch ein Rundgang zu den Hühnern kann eingeplant werden, um direkt die Frühstückseier einzusammeln. Für Kids gibt es übrigens jede Menge Spielzeug sowie einen Spielplatz, sodass sich Eltern entspannen können, während die Kleinen sich austoben.

Nach so viel Action wartet noch ein Extraschmankerl: die Fasssauna. Mitten im Grünen zu schwitzen, mehr Erholung geht nicht. Nach einer kalten Dusche hat man richtig Lust, es sich in der Jurte gemütlich zu machen. Im Winter kann man mit einem Ofen ordentlich einheizen, sodass es muckelig warm ist.

Wer noch mehr Energie für Erkundungstouren hat, schnappt sich am nächsten Tag ein Fahrrad und macht eine Radtour rund um den Hof (beispielsweise die Erbsentour, alle Radtouren für die Samtgemeinde Marklohe unter www.mittelweser-tourismus.de).

Oder man besucht die Stadt Nienburg, wo man hübsche Fachwerkhäuser bestaunen kann und am Samstag einen der schönsten Wochenmärkte Europas vorfindet.

**FAZIT: NORDDEUTSCHES LANDLEBEN TRIFFT AUF ASIATISCHE GEMÜTLICHKEIT. EIN WOCHENENDE AUF DEM BAUERNHOF MIT VIELEN FLAUSCHIGEN GESELLEN.**

**Hin & weg:** Wer ohne Auto anreisen möchte, fährt mit dem Zug (RE1 oder RE8) bis nach Nienburg an der Weser (12 km vom Hof entfernt). Von hier holt Jens Reinhardt nach Absprache seine Gäste ab. Alternativ kann man auch mit dem Auto anreisen. Anschrift: Unser kleiner Hof, Heidestraße 163, 31613 Wietzen.

**Dauer:** 2 Tage.

**Beste Zeit:** Ganzjährig charmant.

**Ausrüstung:** Entweder Fahrräder für eine Fahrradtour mitbringen oder Fahrräder auf dem Hof ausleihen.

**Wenn es Nacht wird:** Naturnah und doch komfortabel schläft man in den Jurten, sogar mit Blick auf den Sternenhimmel. Darüber hinaus gibt es einen heimeligen Schäferwagen, in dem man es sich ebenso bequem machen kann. Dank Kochfeld und Grillutensilien wird abends selber gekocht, morgens wird man mit einem regional bestückten Frühstückskorb verwöhnt. Infos und Reservierung unter www.unser-kleiner-hof.de

# AMAZONAS-FEELING

 ... rund um die Hunte in Dötlingen

*Ursprünglich und wild, so zeigt sich die Hunte in der Wildeshauser Geest. Wer ins Kanu steigt, reibt sich darum kurz die Augen – hier liegt Dschungelflair in der Luft, eine ordentliche Strömung will bezwungen werden. Mittendrin entspannt man bei einer Rast am einsamen Ufer.*

#Pocahontas #wildeHunte #Wasserlandschaft

Bei der Kanutour zwischen Oelmühle und Huntlosen sorgen zwei Stromschnellen für Adrenalin.

→ MINIURLAUB

Gespannt lauschen die Kanuten dem Guide, der in die richtige Paddeltechnik und Verhaltensweisen auf dem Wasser einweist. Wer noch nie in einem Kanu saß, ist erst mal erstaunt, wie groß es ist. Das gibt natürlich Stabilität, denn diese braucht man auf der Hunte, wenn der Wasserstand hoch ist.

Die Hunte ist ein Nebenfluss der Weser und entspringt dem Osnabrücker Hügelland. Auf 105 Kilometern ist sie zwischen Hunteburg und Oldenburg mit dem Kanu befahrbar. Die Strecke zwischen Wildeshausen und Astrup gilt als reizvollste, denn hier ist die Natur am ursprünglichsten.

Die Tour startet in Dötlingen-Oelmühle und führt ins knapp zwölf Kilometer entfernte Huntlosen. Schon beim Einstieg in Oelmühle, direkt hinter einer Stromschnelle, steigt der Puls. Vorfreude, Nervenkitzel. Das erste Naturhindernis lässt nicht lange auf sich warten. Ein Baumstamm mit ein paar Ästen liegt quer im Fluss, erkennbar an der sich kräuselnden

Das Dorf Dötlingen blickt auf eine lange Geschichte zurück: Eine erste urkundliche Erwähnung stammt aus dem Jahre 1203.

Kanuneulinge schaffen etwa drei bis vier Kilometer pro Stunde. Aber hier herrscht ja keine Eile. Viel zu schön ist die Natur um einen herum. Hohe Steilufer wechseln sich mit sanften Böschungen ab. Mit Glück sieht man sogar einen flinken Eisvogel. Verschlungene Baumwurzeln ragen in den Fluss hinein, über dem an manchen Stellen mystischer Nebel liegt. Dass Kanufahren anstrengend ist, erahnt man von außen gar nicht. Ein Energie bringendes Picknick für unterwegs lässt sich zum Glück in der wasserfesten Tonne mitnehmen und an einem der offiziellen Rastplätze genießen.

An Tag zwei werden die Arme geschont, dafür dürfen nun die Beine ran. Bei einer Wanderung in der Umgebung von Dötlingen erkundet man die Huntelandschaft vom Trockenen aus. Der ausgeschilderte Huntepadd führt vorbei an der über 1000-jährigen Eiche im Dorfkern. Von hier aus geht es in den Buchenwald, der sich am Steilufer der Hunte auf sanft ge-

Wasseroberfläche. Nun ist der Steuermann oder die Steuerfrau gefragt. Denn hinten hat man einen wesentlich größeren Einfluss auf die Fahrtrichtung als vorne. Ein paar beherzte Paddelzüge, und schon gleitet man elegant vorbei am Hindernis.

Das Püttenhus von 1935 war einst ein Speicher und ist heute schmuckes Trauzimmer des Standesamts. Der Name stammt von der nahe gelegenen Quelle, der Pütte.

schwungenen Hügeln erstreckt. Das frische Moos, verschiedenste Pilze, saftiges Laub – fast wie im Märchenwald.

Ein weiteres Highlight des sechs Kilometer langen Wanderwegs ist das Großsteingrab Glaner Braut, das aus der Jungsteinzeit stammt. Umgeben von flacher Heide, sind die riesigen Felsen schon aus der Ferne zu sehen. Der Weg führt nun durch ein Feuchtgebiet, in dem elegante schlanke Birken wachsen. Von hier geht es über die neue Hunteschleife wieder zurück nach Dötlingen.

Nach so viel Action hat man sich was Süßes verdient! Im Heuerhaus Café ist es urgemütlich. Unter Holzbalken schlemmt man ein Stück frisch gebackenem Kuchen und dazu eine heiße Schokolade. Schmeckt nach so viel Frischluft göttlich.

**FAZIT: SO WILD KANN DEUTSCHLAND SEIN. FAST WIE AUF EINER DSCHUNGELTOUR.**

**Hin & weg:** Mit der RE1/RS3 bis Oldenburg, von hier mit dem Bus Nr. 270 bis Dötlingen. Alternativ mit der RB58 bis Wildeshausen und weiter mit Bus Nr. 270 bis Dötlingen. Die Kanutouren beginnen an unterschiedlichen Einstiegsstellen. Je nachdem, für welche man sich entscheidet, benötigt man einen PKW.

**Dauer & Strecke:** 2 Tage. Wanderung 6 km, Kanutour 12 km.

**Beste Zeit:** Mitte Juni (nach der Brutzeit) bis Mitte Oktober (je nach Witterung). Tourenvorschläge und Buchung bei Kanu4You (www.kanu4you.com).

**Ausrüstung:** Bequeme Kleidung, festes Schuhwerk für die Wanderung. Eine wasserfeste Tonne für Wertsachen wird bei der Kanufahrt gestellt.

**Wenn es Nacht wird:** Landhotel Dötlingen, zentral im Dorf gelegen (www.landhotel-doetlingen.de).

# UNTER WÖLFEN

 ... im Wolfcenter in Dörverden

Sie sind wild, sie sind mystisch. Und darum ziehen sie uns in ihren Bann. Wölfe. Im Wolfcenter kommt man ihnen ganz nah, erfährt jede Menge Wissenswertes und kann ihnen sogar beim Fressen zusehen. Nachts schläft man hoch oben im Baumhaus, von wo aus man die Raubtiere beobachten kann.

#Wildlife #Wolfsheulen #Baumhaus

→ MINIURLAUB

Wer kennt ihn nicht, den Fressneid? Wölfe ernähren sich überwiegend von Huftieren, wie Rehen oder Hirschen.

»Die kommen ja nah ran«, denkt man vor dem Wolfsgehege. Mit ihrem gemusterten Fell, den hohen Beinen und der kräftigen Statur sind Wölfe in der Tat beeindruckende Wesen. Während die Wahrscheinlichkeit, ihnen in freier Natur zu begegnen, recht gering ist, kann man im Wolfcenter Dörverden (www.wolfcenter.de) die Vierbeiner aus der Nähe betrachten – und auch jede Menge über die Rudeltiere lernen. Denn darum geht es hier: dem Image des bösen Wolfs entgegenzuwirken, durch Öffentlichkeitsarbeit und Umweltbildung Menschen mit dem Wolf vertraut zu machen. Lange war er in Deutschland ausgerottet. Erst zaghaft siedeln sich Wölfe wieder in Deutschland an. Auch wenn der Wolf einen fragwürdigen Ruf – vor allem unter Landwirten – genießt, seine Existenz in den Wäldern ist für ein nachhaltiges Ökosystem wichtig.

Am besten ist es, sich einer geführten Tour durch das Wolfcenter anzuschließen. Unterhaltsam, informativ und locker geben ausgebildete Guides den neugierigen Besuchern einen Einblick in die Welt der Wölfe. Wie groß ist das Revier eines Wolfes? Wie setzt sich ein Rudel zusammen? Wie jagen Wölfe? Wie verhalte ich mich, wenn ich doch einem Wolf im

Glamping vom Feinsten, sogar mit Dachterrasse und Panoramafenster.

Wald begegne? Fragen über Fragen – und keine bleibt unbeantwortet. Ein Highlight der Tour ist die Fütterung. Nicht nur Kinder machen große Augen beim Blick in den mit Fleisch gefüllten Eimer. Der Guide wirft von einer Aussichtsplattform aus die großen Fleischbrocken ins Gehege. Beeindruckend, wie hoch ein Wolf springen kann, um dann präzise seine »Beute« zu fangen. Für Tierfotografen bietet das Wolfcenter sogenannte Fotoklappen. So kann man ohne den Zaun beeindruckende Bilder schießen.

Die täglichen Führungen samt Fütterungen sind im Eintrittspreis bereits inbegriffen.

Für kleine Besucher gibt es einen Spielplatz samt Picknickecke sowie auch ein Schafsgehege und Ziegen, die man streicheln kann. Noch mehr über die Geschichte des Wolfes und seine Verhaltensweisen erlebt man im Zeittunnel und in der Ausstellung.

Wenn die Abenddämmerung sich über das Wolfcenter legt und die Besucher wieder nach Hause fahren, beginnt für Übernachtungsgäste ein weiteres Abenteuer: eine Nacht im Baumhaus. Auf fünf bzw. acht Meter Höhe schläft man umgeben vom Grün mit Blick ins Wolfsgehege. Ungestört beobachtet man die Wölfe von der Dachterrasse aus oder durch das Panoramafenster. Nach so viel Frischluft darf man dann noch in den Whirlpool hüpfen, um sich danach ins Schlummerland zurückzuziehen. Heute Nacht träumt man sicher vom lieben Wolf.

**FAZIT: DER FASZINATION WOLF AUF DEN SPUREN. GETOPPT WIRD DAS ERLEBNIS DURCH EINE NACHT IM BAUMHAUS, DIE RAUBTIERE IMMER IM BLICK.**

**Hin & weg:** Anreise mit dem PKW, da mit den ÖPNV sehr umständlich und zeitaufwendig. Adresse: Kasernenstraße 2, 27313 Dörverden.

**Dauer:** 1,5 Tage.

**Beste Zeit:** Ganzjährig möglich.

**Ausrüstung:** Kamera.

**Wenn es Nacht wird:** Von oben die Wölfe beobachten, mit viel Komfort? Das geht im Baumhaus im Wolfcenter. Rustikaler schläft man im Tipi (Isomatte und Schlafsack mitbringen). Infos und Buchung unter www.wolfcenter.de. Frühstück gibt's im Restaurant Wolfsrevier. für das Abendbrot kann man einen Picknickkorb ins Baumhaus bestellen.

→ MINIURLAUB...

# AY, AY, CAPTAIN!

﹥ ... Boot fahren auf dem Zwischenahner Meer ﹤

**#46**

*Das Wasser glitzert im Sonnenschein, Möwen schnattern, am Horizont hüpfen Segelboote. Gemächlich über den See zu schippern und einfach die Seele baumeln zu lassen, das ist ein echter Miniurlaub. Hobbykapitäne dürfen auf dem Zwischenahner Meer in See stechen.*

#ahoi  #alleMannanDeck  #Mühlenromantik  #Blumenparadies

Wer sich – statt selbst zu strampeln – gemütlich herumfahren lassen möchte, kann auch eine 70-minütige Rundfahrt mit der Weißen Flotte unternehmen.

Vom Strand aus kann man die Boote schon sehen, wie sie eines nach dem anderen durchs Wasser gleiten. Da will man direkt selber anheuern. Hier am Zwischenahner Meer kann man einfach selber die Kapitänsmütze aufsetzen. Der mit 550 Hektar Fläche drittgrößte Binnensee Niedersachsens ist für jedermann befahrbar: mit dem Tret-, Ruder- oder Elektroboot. Geschwind also hinein in eines der knallroten Gefährte, und los geht's.

Ein paar Möwen gucken neugierig, auf den sanften Wellen schaukelt man auf und ab. Ansonsten ist es aber einfach nur: ruhig. Auf viel Platz verteilen sich die Boote, und man kommt sich nicht ins Fahrwasser. Je kleiner die Gebäude am Ufer werden, desto entspannter rutscht man in seinen Sitz. So ein Elektroboot ist schon was Feines: Füße hochlegen, zurücklehnen, genießen. Wolken, der Himmel und das Wasser – man fühlt sich fast wie in einem Gemälde, so harmonisch ist der Anblick.

Wer nach der Bootstour nun selber ins Wasser hüpfen möchte, kann dies am Strand von Bad Zwischenahn tun. Für kleine Kapitänsanwärter gibt's hier auch einen Spielplatz zum Austoben. Nach so viel Wasserabenteuer knurrt nun sicher der Magen. Im rustikalen Biergarten des Spieker (www.spieker-gaststaette.de) kann man den berühmten Ammerländer Schinken kosten. Zum Verdauen gibt's noch einen Ammerländer Korn hinterher.

An Tag zwei lohnt sich eine Erkundungstour um das Zwischenahner Meer. Ein zwölf Kilometer langer Wanderweg führt einmal um den See herum. Unterwegs eröffnen sich immer wieder offene Blicke über den See. Wasservögeln gefällt es hier genauso gut wie uns Menschen.

Das Freilichtmuseum wurde bereits 1909/10 erbaut und zeigt, wie das Leben vor 300 Jahren am Zwischenahner Meer war.

Highlights unterwegs sind die bekannte Rügenwalder Mühle und der Park der Gärten (www.park-der-gaerten.de). Beachtliche 45 Mustergärten und über 9000 verschiedene Pflanzen der ehemaligen Landesgartenschau lassen Botanikerherzen höherschlagen. Für kleine Pflanzenfreunde gibt es einen Kletter- und einen Wasserspielplatz. Die bunte Blütenpracht setzt sich auch entlang des Ufers in Bad Zwischenahn fort. Strahlend gelb, violett, pink leuchten die akkurat angelegten Blumenbeete. Gute Laune? Garantiert!

Jetzt meldet sich der Hunger. Einen wunderbaren kulinarischen Abschluss für die Auszeit bietet der traditionsreiche Scholjegerdes Hof (www.scholjegerdeshof.de), dessen Geschichte bereits 1681 begann. Regionale und nachhaltige Köstlichkeiten – die Hofcurrywurst ist eine Wucht – werden hier liebevoll zubereitet. Im Garten unterm Apfelbaum Platz nehmen und genießen. Leckerer kann die Miniauszeit nicht zu Ende gehen.

**FAZIT: SEEFEELING, STRANDSPASS, BLUMENPRACHT. IN BAD ZWISCHENAHN GIBT'S KURZURLAUB FÜR ALLE SINNE!**

**Hin & weg:** Mit der RS3 ab Bremen Hbf nach Bad Zwischenahn.

**Dauer & Strecke:** 2 Tage, Wanderung 12 km.

**Beste Zeit:** Sommer.

**Ausrüstung:** Wer gerne radelt, sollte sein Fahrrad mitnehmen. Ausleihe: Bikes by Reins (web.reins-bikes.de/startseite).

**Wenn es Nacht wird:** In Bad Zwischenahn gibt es diverse Hotels und Apartments. Sparfüchse übernachten in der Jugendherberge in Bad Zwischenahn (www.jugendherberge.de), für ein wenig Luxus und Wellness eignet sich die Villa am Park (www.villa-am-park.com).

# SUMMERTIME

 ... beim Baden am Falkensteinsee

Packt die Badehose ein, denn der Strand ruft! Ob Faulenzen im Sand, Toben auf dem Abenteuerspielplatz oder beim Schwimmen im See: Kleine und große Sonnenanbeter finden am Falkensteinsee ihr Plätzchen. Als Sahnehäubchen gibt es eine genüssliche Fahrradtour mit Melkhusstopp.

#Miniurlaub  #beachfeeling  #Schlaffass  #abinsNass  #Glamping

Erst den Sand zwischen den Füßen spüren, dann ab ins Wasser und eintauchen ins Urlaubsfeeling.

→ MINIURLAUB ...

Gibt es eine unbeschwertere Zeit als Sommertage am Strand? Genau dazu lädt der Falkensteinsee in der Nähe von Ganderkesee ein. Zuerst wird das Nachtlager bezogen, das geht fix. Glamping ist hier angesagt: quasi Camping de luxe (der Trendbegriff Glamping ist ein Kofferwort aus Glamour und Camping). Schlaffass, POD und sogar ein Stelzenhaus mit Platz für bis zu vier Personen kann man als Quartier wählen.

Nun aber ab an den Strand. Sind kleine Wasserratten dabei? Dann ab in die Piratenbucht, wo das Piratenschiff auf dem Abenteuerspielplatz zum Toben einlädt. Noch mehr Platz zum Buddeln, Spielen und Sonnen bietet der Familienbadestrand am Westufer, wo das Wasser recht flach ist.

Einfach nur in der Sonne brutzeln oder unter einem Baum chillen? Dann ist der Südstrand genau richtig. Zum Abkühlen springen Groß und Klein in den See, dessen Wasserqualität übrigens ausgezeichnet ist. Wenn der Magen knurrt, gibt es im Seehus Schnitzel, Bratkartoffeln oder vegetarische Pastagerichte. Was neben dem Duft von Sonnencreme noch zu einem Sommerwochenende am See gehört? Pommes rot-weiß! Die gibt es natürlich auch, direkt im Imbiss neben dem Seehus.

Ob Faulenzen in der Sonne oder aktiv die Gegend erkunden, ein Campingwochenende am See macht jeden happy.

Wenn die Mittagshitze vorüber ist, darf man aktiv werden: bei einer Partie Minigolf, auf dem Fußballfeld oder dem Basketballplatz. Bälle können am Empfang gegen Pfand ausgeliehen werden. Vierbeiner können sich am Falkensteinsee übrigens auch auspowern. Dafür sorgen eine Hundewiese, der separate Hundesee und ein Agilityfeld.

Am späten Nachmittag verschwinden die Tagesgäste, und es kehrt Ruhe ein. Zeit für einen lockeren Spaziergang um den See herum, bevor man sich etwas Leckeres zu essen macht. Praktisch: Dafür stehen elektrische Kochfelder am Sanitätshaus zur Verfügung. Das Dinner wird unter freiem Himmel serviert, romantischer kann ein lauer Sommerabend nicht enden. Oder doch: wenn man sich kurze Zeit später in seinem Schlaffass ins Bett kuschelt.

Am zweiten Tag wird geradelt: Der Falkensteinsee liegt direkt an der Kleebattroute Ganderkesee (detaillierte Infos zu den insgesamt vier Routen unter www.radfahren-im-oldenburger-land.de). Entlang der 54 Kilometer langen Fahrradtour gibt es jede Menge zu sehen. Da wären zum einen die verschiedenen Großsteingräber, zum anderen die kunterbunten Ganterfiguren im Ort Ganderkesee. Die meisten der über 80 Figuren wurden von dem Künstler Jürgen Knapp geschaffen, sie bringen Farbe in die Stadt.

Leckermäulchen kehren unterwegs in die verschiedenen Melkhüs auf einen Milchshake oder eine Quarkspeise ein. Hier auf dem platten Land fühlen sich übrigens nicht nur Kühe wohl: Ein Melkhus gehört zu einer Alpakafarm (www.wittekind-alpacas.de).

**FAZIT: SOMMER, SONNE, HEITERKEIT – UNBESCHWERTE SOMMERTAGE BEIM GLAMPING AM FALKENSTEINSEE SIND DIE PERFEKTE MINIAUSZEIT VOM ALLTAG.**

**Hin & weg:** Mit der Regionalbahn bis Bahnhof Ganderkesee, das Rad mitnehmen. Ab hier etwa 6 km mit dem Fahrrad.

**Dauer & Strecke:** 2 Tage, Radtour 54 km.

**Beste Zeit:** Sommer.

**Ausrüstung:** Badesachen, Sonnencreme, Proviant zum Kochen und Frühstücken, evtl. ein eigenes Zelt zum Campen.

**Wenn es Nacht wird:** Glamping am See im gemütlichen POD (kleinen Holzhäusern für 2, 3 oder 4 Personen) oder Stelzenhaus. Infos und Buchung unter www.falkensteinsee.de

 MINIURLAUB

# INSELGLÜCK

 ... am Elsflether Sand

Die Weser fließt gemächlich vorüber, auf dem Deich blöken flauschige Schafe um die Wette, und man selber liegt mittendrin am Strand, wohlig warm in der Sonne. So geht Urlaubsfeeling auf Norddeutsch, gekrönt von einer entspannten Fahrradtour und einem leckeren Melkhus-Stopp.

#wolligeAussichten #Strandtag #dieMilchmacht's #Määääh

Die Melkhüs sind eine norddeutsche Besonderheit. Quarkspeisen, Buttermilch, Eiscreme – hier gibt's gute Milchprodukte. Geöffnet sind Melküs von Mai bis September oder Oktober.

Ein schmaler Weg führt über den Deich, dahinter ein paar schlanke Bäume. Versteckt hinter hohem Gras, wartet dann das Paradies: ein weicher, feiner Sandstrand. Auf der Weserhalbinsel Elsflether Sand zwischen Hunte und Weser findet jeder sein Fleckchen norddeutsche Karibik. Schnell das Handtuch ausbreiten und ab in die Waagerechte. Wie gut sich der Sand an den nackten Füßen anfühlt. Ein paar Boote schippern vorbei. Wer sein Schlauchboot mithat, tut es ihnen gleich. Eine Luftmatratze geht natürlich auch.

Nach ein paar Schwimmeinheiten, Sonne-Auftanken und Im-Sand-Buddeln kommt sicher der Appetit auf. Da lohnt es sich, einen Abstecher zum nahe gelegenen Melkhus zu machen. Nebenan hört man die Kühe muhen, während man im Garten unter Schatten spendenden Bäumen himmlische Quarkspeisen und kühle Buttermilchshakes schlemmt.

Nicht nur kleine Urlauber freuen sich auf den nun folgenden tierischen Spaß. Während die Deichschafe nämlich schnell das Weite suchen, wenn man sie anfassen möchte, gehen die frechen Ziegen auf der Streichelwiese direkt auf Tuchfühlung. Am Automaten gibt es Ziegenfutter für ein paar Groschen.

An Tag zwei wird es Zeit für ein bisschen Sport. Entspannt natürlich. Bei der ausgeschilderten, 34 Kilometer langen Fahrradtour Marsch und Moor geht es zuerst am Deich entlang. Kurz hinter dem Huntesperrwerk wird in maritimem Ambiente Kraft getankt: Im Bootshaus SWE Da Cosimo (www.bootshaus-swe.de) gibt es italienische Leckereien, aber auch Früh-

Das imposante, 120 Meter lange Huntesperrwerk wurde zwischen 1976 und 1979 erbaut, um das Elsflether Hinterland vor Sturmfluten zu schützen.

stück (allerdings nur am Wochenende) und natürlich Eis.

Vorbei am Leuchtturm Liener Hörn, geht es nun ins Landesinnere. Das flache Marschland ist von Landwirtschaft geprägt. Der Wind weht warm durchs Haar, dem Blick stellt sich nichts in den Weg, so macht Radfahren Laune. Im Örtchen Fuchsberg, quasi zur Halbzeit, gibt es im Melkhus (www.melkhus-fuchsberg.de) wieder was zu naschen. Im Sommer, kurz vor der Maisernte, wartet hier noch ein Familienspaß: das Maislabyrinth.

Weiter geht die Radtour durch die Gellener Torfmöörte, wo man durch Moorgrünland, Torfstiche und Moorheide fährt. Über den Dalsper Hellmer radelt man dann schnurstraks wieder in Richtung Deich und Elsfleth.

**FAZIT: AM WESERSTRAND KANN MAN PRIMA FAULENZEN UND SCHAFE BEOBACHTEN.**

**Hin & weg:** Mit der Regionalbahn RS4 ab Bremen Hbf bis Berne (für den Campingplatz) bzw. direkt bis Elsfleth. Der Elsflether Sand ist über das Huntesperrwerk (Öffnung für Radfahrer & Fußgänger zu jeder vollen Stunde für fünf Minuten) oder Berne-Ohrt erreichbar.

**Dauer & Strecke:** 2 Tage, Radtour 34 km.

**Beste Zeit:** Sommer.

**Ausrüstung:** Fahrrad (Leihrad über den Campingplatz möglich), Strandtuch, Badebekleidung, eventuell Zelt zum Übernachten.

**Wenn es Nacht wird:** Naturnah nächtigt man auf dem Campingplatz Juliusplate (www.juliusplate.de) direkt an der Weser. Entweder im eigenen Zelt oder etwas bequemer im Mietwohnwagen.

# FREERIDER

 ... mit dem Fahrrad nach Oldenburg

Zwei Tage dem Alltag Tschüss sagen und sich aufs Rad schwingen, da kriegt man den Kopf richtig frei. Zwischen Deich, Hunte und Wiesenlandschaft radelt man auf flachen Wegen. Für Abwechslung sorgen Seen und kleine Wäldchen sowie eine Übernachtung im gemütlichen Oldenburg.

#Drahtesel #Oldenlove #Freiheitsgefühl

Zwei Tage offline sein, in die Pedale treten und das platte Land genießen, so geht Kurzurlaub für die Seele.

→ MINIURLAUB

In Berne angekommen, geht es direkt aufs Rad. Die kurze Fahrt bis Huntebrück geht noch an einer Landstraße entlang. Einmal scharf links abbiegen, und schon ist man auf der L866, einer flachen Straße direkt neben dem Deich. Dahinter fließt gemächlich die Hunte. Mit 190 Kilometer Länge ist sie der zweitlängste Nebenfluss der Weser, ihre Quelle liegt im Osnabrücker Hügelland. Während das Ufer zwischen Hatten und Wildeshausen wild ist, zähmt hier ein Deich die Hunte.

Nur das Schnaufen des eigenen Atems hört man in dieser stillen Umgebung – weil man ungehindert in die Pedale treten kann. Die weite Wiesenlandschaft teilt man sich nur mit ein paar Kühen und Schafen. Kurz hinter Iprump kann man von der Aussichtsplattform aus den Blick über die Hunte genießen, bevor man am Blankenburger See vorbeifährt. Hier führt der Weg durch den Stadtwald von Oldenburg, die erste Tagesetappe mit etwa 30 Kilometern ist damit fast geschafft.

In Oldenburg ist man als Radfahrer übrigens genau richtig – auf etwa 170 000 Einwohner kommen immerhin beachtliche 250 000 Fahrräder. Doch auch Kulturinteressierte werden sich an Oldenburgs Museen, Theater- oder Kinoprogramm erfreuen. Auch kulinarisch hat Oldenburg einiges zu bieten: ob deftiger Grünkohl im Ratskeller (www.ratskeller-oldenburg.de) oder ein lokales Bier im Brauhaus (www.ols-brauhaus.de) – nach einer Fahrradtour wird hier jeder satt und glücklich und bezieht dann gern sein Quartier.

Das Bremer Umland ist zwar platt, aber nicht öde. Farben, Lichtspiel und die abwechslungsreiche Natur machen diese Tour zu einem Vergnügen.

Am zweiten Tag geht es wieder aus der Stadt hinaus. Der Tweelbäker See ist für eine kurze Rast geeignet, vor allem wenn das Sonnenlicht romantisch durch die Baumwipfel leuchtet. Kurz hinter dem See befindet sich ein Melkhus, in dem es zwischen April und September frische Milchspeisen gibt. Genau das Richtige für stramme Radfahrer!

Weiter geht es nun über die L866 über Wüsting bis nach Hude. Kurz vor Hude befindet sich das Reiherholz, ein uriger Wald, durch den man auch mit dem Fahrrad fahren kann.

Von hier aus führt der Radweg entlang der Landstraßen, vorbei an Feldern und Wiesen, durch kleine Orte bis nach Delmenhorst. Hier durchquert man das Stadtgebiet und erreicht schließlich wieder über Landstraßen das Bremer Stadtgebiet.

**FAZIT: ENTSPANNTE RADTOUR MIT WEITBLICK UND STIPPVISITE IN OLDENBURG.**

Hin & weg: Start am Bahnhof in Berne (mit der RS4, Fahrrad kann im Zug mitgenommen werden, Radticket nicht vergessen). Zurück mit dem Rad. Wer es gemütlich angehen möchte, radelt bis Hude und nimmt hier den Zug (RS3, RS4 oder RE1) nach Bremen.

Dauer & Strecke: 2 Tage, circa 80 km.

Beste Zeit: Frühjahr bis Herbst.

Ausrüstung: Fahrrad, bequeme Kleidung, Regenschutz, Proviant für unterwegs (kann in Oldenburg für die Rückfahrt aufgestockt werden).

Wenn es Nacht wird: Ankommen und wohlfühlen in einem der individuell eingerichteten Zimmer des Hotels Villa Stern in Oldenburg. Die Fahrräder nächtigen sicher im hauseigenen Schuppen. Infos und Buchung unter www.hotelvillastern.de

 MINIURLAUB

# AHOI, MATROSEN!

 ... Übernachten in der Schiffsherberge

 **#50**

*Maritimes Flair, eine steife Brise, Möwengeschrei. Anheuern auf dem Klabauterbett lässt große und kleine Piratenherzen höherschlagen. Dem Sonnenuntergang vom Wasser aus zusehen, danach bei einer Tasse Tee warm einkuscheln, so geht Urlaub vor der Haustür.*

#Segelhissen  #Weserliebe  #Wellengang

An Bord der Schiffsherberge fühlen sich Paare und Familien gleichermaßen wohl. Und dank Kamin ist es auch im Winter muckelig warm.

Zentral in Bremen und doch wie in einer anderen Welt befindet sich das Klabauterbett. Wer es nicht weiß, vermutet ihn hier nicht: den gemütlich hergerichteten Segelklipper, in dem heute übernachtet wird. Von der Innenstadt aus ist es nur einen Katzensprung über die Stephanibrücke auf die Neustädter Weserseite, und schon ist man da.

Hinter der De Liefde, einem imposanten roten Windjammer, liegt die Ronja. Mit stattlichen 26,5 Meter Länge, hohen Masten und vor allem mit vier urgemütlichen Kajüten. Eine davon, die Klüverkoje, ist standesgemäß nur über eine Dachluke an Deck erreichbar. Da werden Kindheitsträume vom wilden Matrosenleben wahr.

In der warmen Stube der Ronja klönt man bei einer Tasse Tee, schmökert in einem Buch oder spielt eine Runde Karten. Wie echte Matrosen eben. An Deck genießt man die Aussicht auf die Weser, die vorbeifahrenden Boote und die Skyline der Überseestadt. Der ideale Ort, um sich in die Ferne zu träumen.

Wer übrigens einen Segelschein hat, kann auf der rustikalen Kaja anheuern. Mit ihr darf nämlich in See gestochen werden. Aber auch ohne Segelschein kann auf ihr übernachtet werden, echtes Seefahrerfeeling ist da garantiert: Schön schauklig ist es hier, wenn ein größeres Schiff vorbeifährt und für Wellengang sorgt. Die Wasservögel sind zum Greifen nah, und mit Glück kann auch schon mal eine Robbe aus der Weser hervorgucken. Für alle angehenden Kapitäne ist Kalle Theodor die richtige Wahl – auch ohne Führerschein darf man mit dem motorisierten Schlauchboot in See stechen.

Wenn sich der Tag dem Abend zuneigt, geht es auf jeden Fall an Deck. Der Sonnenuntergang taucht den Himmel über der Weser in ein Farbenkonzert aus Orange, Rot, Pink. Einen kühlen Sundowner dazu und schnell ein mentales Foto machen. Denn so nah und doch so fern fühlt man sich nirgendwo sonst im schönen Bremen.

**Hin & weg:** Mit der Straßenbahn Linie 2 oder 3 oder dem Bus 25 bis Haltestelle Radio Bremen/VHS. Von hier etwa 10 Min. Fußweg.

**Dauer:** 1,5 Tage.

**Beste Zeit:** Ganzjährig charmant.

**Ausrüstung:** Schlafanzug und Waschzeug.

**Wenn es Nacht wird:** Liebevoll, individuell und heimelig eingerichtet sind die Kajüten auf der Ronja, dem Klabauterbett an der Weser. Zur Flotte gehören auch noch das Segelschiff Kaja und das Motorboot Johann. Infos und Buchung unter www.klabauterbett.de

**FAZIT: WESERLIEBE PUR. EINE NACHT AN BORD DER SCHIFFSHERBERGE IST FÜR GROß UND KLEIN EINE MARITIME AUSZEIT.**

# GLÜCKS-VOGEL

## ... bei den Kranichen im Huvenhoopsmoor

Im Herbst rasten Tausende von Kranichen im norddeutschen Moor. Wenn sie unter tosendem Trompetenruf in ihr Nachtlager einkehren, können Naturfreunde dem Spektakel von der Kranichschanze aus zuschauen. Da kommt echtes Safarifeeling auf!

#GrusGrus #Glücksvogel #Moorvergnügen #Bremervörde

Der zwei Kilometer lange Moorerlebnispfad durch das Huvenhoopsmoor ist für Jung und Alt empfehlenswert. Vom Aussichtsturm aus hat man eine gute Sicht über den Huvenhoopssee.

→ MINIURLAUB

Am kleinen Friedhof in Glinstedt, direkt vor dem Moor, endet die Zivilisation, und das Abenteuer beginnt. Eine kleine Gruppe Naturliebhaber trifft hier auf Frauke Klemm, die Kranichwanderungen für den NABU organisiert (www.kranichbeobachtung.de).

Neugierig geht es nun zu Fuß durch das Moor, vorbei an Moorwald, eleganten Birken und Torfflächen. Das Huvenhoopsmoor ist ein idealer Rückzugsort für Tausende Kraniche, die hier alljährlich zwischen Oktober und November einen Pitstop auf dem Weg ins spanische Winterquartier einlegen. Mit einer stattlichen Höhe von etwa 1,20 Metern und einer Flügelspannweite von bis zu 2,20 Meter sind sie schon am Himmel nicht zu übersehen. Vor allem aber sind Kraniche nicht zu überhören! Ihr trompetenhafter Ruf kündigt sie schon von Weitem an.

Wer hätte das erwartet: Safarifeeling mitten im norddeutschen Moor! Ferngläser können übrigens während der Führung vom NABU ausgeliehen werden.

So laut Kraniche auch sind, Beobachter müssen nun an der Kranichschanze ganz still sein. Denn die sensiblen Tiere stehen unter Naturschutz und dürfen an ihren Schlafplätzen nicht gestört werden. Auf leisen Sohlen geht es also an die Beobachtungsplätze, die Ferngläser werden gezückt, ambitionierte Fotografen packen ihre Stative aus.

Noch liegt da nur das Moor samt See in der Abenddämmerung. Irgendwann, der Himmel färbt sich bereits rosa, beginnt das Schauspiel. Tröörööö, Grrr, Tröörööö, Grrrr. Trompeten, Gurren, Pfeifen. Ein echtes Kranichkonzert kündigt die Ankunft der Stars des Abends an. Plötzlich tanzen sie am Himmel, kreisen in rhythmischen Formationen über dem Moorsee. Dann landen sie nach und nach, es wird geschnattert, als wolle man sich die Ereignisse

Auf ihrem Weg ins Winterquartier legen Kraniche rund 3000 Kilometer zurück. Bei einer Geschwindigkeit von rund 50–60 Kilometern pro Stunde sind sie also eine ganze Weile unterwegs.

des Tages erzählen. Ehrfürchtig schaut man nun durch sein Fernglas, um den eleganten »Vögeln des Glücks« ganz nahe zu kommen. Im Dunkeln geht es durch das Moor im Licht der Taschenlampe beseelt zurück, ein Kauz sagt noch Gute Nacht.

Am nächsten Tag wartet Bremervörde darauf, entdeckt zu werden. Motivierte Wanderer nehmen den 20 Kilometer langen Nordpfad Vörder See-Osteland (Tour unter www.nordpfade.info) in Angriff, der am Vörder See vorbeiführt. Wer es entspannter angehen möchte, vergnügt sich im kostenlosen Erholungs- und Erlebnispark des Sees.

Hier befindet sich die Welt der Sinne – ein Erfahrungsfeld, gestaltet nach den Ideen des Philosophen und Künstlers Hugo Kükelhaus. Hier geht es um Riechen, Hören, Fühlen, darum, die Sinne zu schärfen und dabei Naturgesetze kennenzulernen. Direkt nebenan lädt der Apothekergarten Pflanzenkundler zum Entdecken ein.

Übrigens: Möchte man noch einmal ins Moor fahren, ist der Moorerlebnispfad empfehlenswert. Wissenswertes über das Ökosystem Moor, seine Geschichte, Mythen und Sagen werden hier spielerisch an diversen Stationen vermittelt. Besonders süß: Huvi, der Moorkobold, begleitet jede Station. Nicht nur für kleine Moorfreunde gibt es hier viel zu lernen.

**FAZIT: KRANICHBEOBACHTUNG IM MOOR. EIN UNVERGESSLICHES NATURERLEBNIS.**

**Hin & weg:** Ab Bremen mit der RS2 bis Osterholz-Scharmbeck, dann mit dem Bus 640 bis Bremervörde. Für die Kranichschanze (abendlicher Besuch, Rückfahrt im Dunkeln) und den Moorerlebnispfad benötigt man allerdings ein Auto.

**Dauer & Strecke:** 2 Tage.

**Beste Zeit:** Oktober und November. Die Kranichschanze darf nur mit geführten Gruppen betreten werden. Termine und Reservierung beim NABU (unter 04761 71330 oder info@nabu-umweltpyramide.de).

**Ausrüstung:** Wasserfeste Schuhe, Fernglas, eventuell Kamera mit Teleobjektiv, Sitzkissen (für die Kranichschanze).

**Wenn es Nacht wird:** Günstig und modern ist das Ostel Jugendhotel in Bremervörde (www.ostel.de).

→ MINIURLAUB

# WATT 'NE AUSSICHT

 ... in Butjadingen an der Nordsee

Sich bei einer Wattwanderung richtig durchpusten lassen, goldene Herbstsonne tanken und dann ein frisches Krabbenbrötchen auf die Hand – mehr Meer geht nicht. In Butjadingen geht's im Herbst gemächlich zu. Perfekt, um frische Energie zu tanken.

#Meerliebe  #Wattwandern  #Deichschafe  #Krabbenbrötchen

Typische Nordseeidylle: Leuchtturm, wehendes Gras und der unendlich weite Himmel.

Quark, Buttermilch, cremiges Milcheis, hier gibt's alles Gute von der Milch. Mittwochs finden hier auch Hofführungen statt (www.deichschaeferei-feldhausen.de).

Nach dem Milchsnack geht es wieder auf den ausgeschilderten Rundwanderweg zurück nach Fedderwardersiel. Jetzt ist Zeit für ein Mittagessen. Ein herzhaftes Krabbenbrötchen ist hier quasi ein Muss. Denn frischer geht es nicht – vom Kutter auf die Hand.

Der Fischereihafen ist übrigens nicht nur ein idyllischer Ort zum Fischbrötchenessen – hier können Groß und Klein im Nationalpark-Haus auch Wissenswertes über den Nationalpark Wattenmeer erfahren (www.nationalparkhaus-wattenmeer.de), seit 2009 auch UNESCO-Weltnaturerbe.

Am Kutterhafen in Fedderwardersiel herrscht noch morgendliche Ruhe – die Kutterfischer sieht man draußen auf dem Meer. Von hier aus führt die etwa acht Kilometer lange Rundwanderung über den Langwarder Groden, ein Salzwiesengebiet im Wattenmeer. Zuerst begrüßen die Deichschafe neugierige Wanderer. Fast wie gemalt, diese Landschaft. Auf der einen Seite der kräftig grüne Deich samt weißen Schafen, auf der anderen Seite die ockerfarbenen Salzwiesen, dahinter das Watt unter stahlblauem Himmel.

Der Qualitätswanderweg Langwarder Groden ist ein Paradies für Vogelbeobachter. Aber auch die eine oder andere Robbe kann man hier entdecken. Im Herbst rasten hier viele Zugvögel, also ruhig das Fernglas einpacken. Im Oktober ist auch noch das Melkhus der Deichschäferei Feldhausen geöffnet. Frischer

An Tag zwei geht es raus ins Watt. Rein in die Gummistiefel und ins Vergnügen. Das Wattenmeer ist ein lebendiger Ort, auch wenn es auf den ersten Blick ruhig wirkt. Mehr als 10 000 Tier- und Pflanzenarten wurden bisher im niedersächsischen Wattenmeer entdeckt. Die steife Brise pustet einen ordentlich durch, in der Ferne scheinen Containerschiffe am Horizont zu schweben. Denn bei klarer Sicht kann man von hier aus bis Bremerhaven blicken.

Wer trocken bleiben möchte, heuert an Bord der MS WEGA II an, die ab Fedderwardersiel Rundfahrten ins Watt – auch speziell für Kids – anbietet (www.cassen-eils.de).

Für Gaumen und Glieder ein echter Schmaus, so ein Miniurlaub am Wattenmeer. Wenn die Temperaturen es erlauben, unbedingt barfuß durch den Schlick gehen: Massage und Peeling in einem.

Nach so viel Frischluft knurrt natürlich der Magen. Eine gemütliche warme Stube ist das Kachelstübchen (www.kachelstuebchen.de). Von Nordseescholle über Krabben auf Rührei bis zum Schnitzel, aber auch vegetarische Gerichte kommen hier auf den Tisch – satt und glücklich endet der Kurzurlaub mit Nordseefeeling.

**FAZIT: AUSZEIT ZWISCHEN WATTENMEER UND DEICHSCHAFEN. GENAU RICHTIG, UM SICH KRÄFTIG DURCHPUSTEN ZU LASSEN.**

**Hin & weg:** Ab Bremen mit der RS4 bis Nordenham, von hier aus mit dem Bus 408 oder 403 bis Burhave.

**Dauer & Strecke:** 2 Tage, Wanderung 8 km.

**Beste Zeit:** September und Oktober.

**Ausrüstung:** Gummistiefel, bequeme Schuhe, wetterfeste Kleidung, Fernglas.

**Wenn es Nacht wird:** Gut ausgestattete Ferienwohnungen für zwei oder mehr Personen in guter Lage gibt es beim Deichgraf Burhave. Der Eintritt ins hauseigene Hallenbad ist inklusive. Buchung unter www.schrant.de

# SONST NOCH WICHTIG

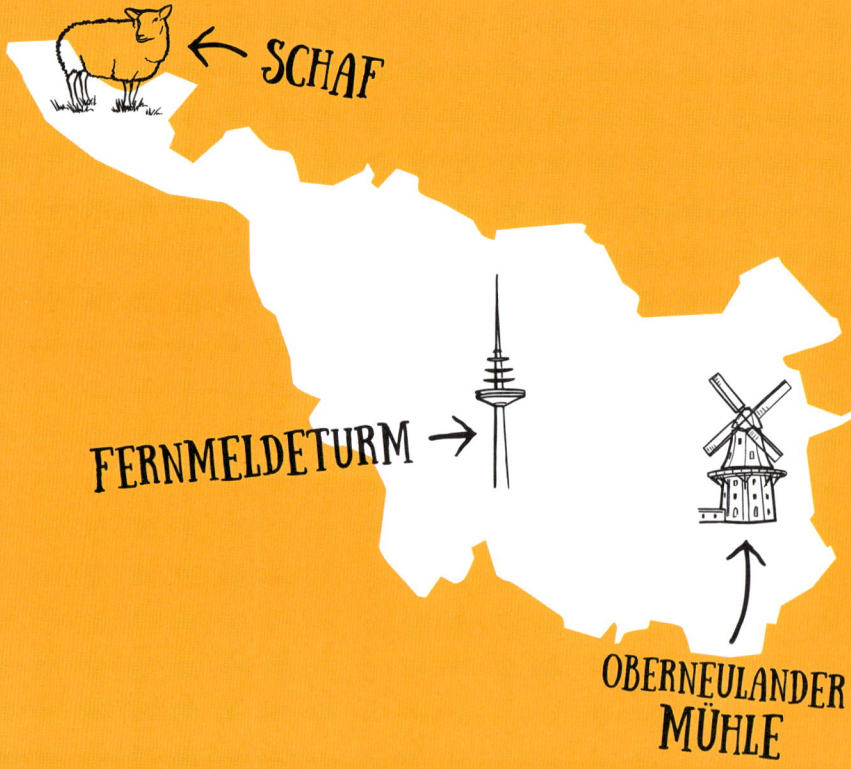

## Ein- und Überblick

*Karten für den schnellen Überblick, praktische Tipps, mehr über die Autorin sowie ein Ortsregister zum schnellen Nachschlagen gibt es auf den folgenden Seiten.*

| | |
|---|---|
| GPX-Download | Seite 224 |
| Übersichtskarten | Seite 225 |
| Impressum | Seite 228 |
| Gut zu wissen | Seite 229 |
| Register | Seite 230 |
| Über die Autorin | Seite 231 |
| 5 besondere Empfehlungen | Seite 232 |

### GPX-Download aufs Smartphone – so geht's

Voraussetzung:
Eine Outdoor-App muss installiert sein, z.B. KOMPASS, Outdooractive oder komoot. Zum Einlesen des QR-Codes benötigen Android-Geräte eine QR-Code-App. Bei iOS-Geräten ist diese Funktion in der Kamera integriert.

Daten downloaden:
1. Den QR-Code einlesen oder die Webadresse im Browser eingeben, um auf die Eskapaden-Website zu gelangen.
2. Die gewünschte Tour zum Download anklicken.
3. Bei iOS-Geräten werden die GPX-Daten direkt mit der vorab installierten App verknüpft. Bei Android-Geräten muss ggf. noch ein Weiterleiten-Button geklickt werden (z.B. oben rechts im Display). Manche Apps zeigen den Tourverlauf starr an, andere verfügen über eine Navigationsfunktion.

### Tourenverlauf

GPX-Daten zum kostenlosen Download
www.dumontreise.de/eskapaden/bremen

short.travel/ergsc

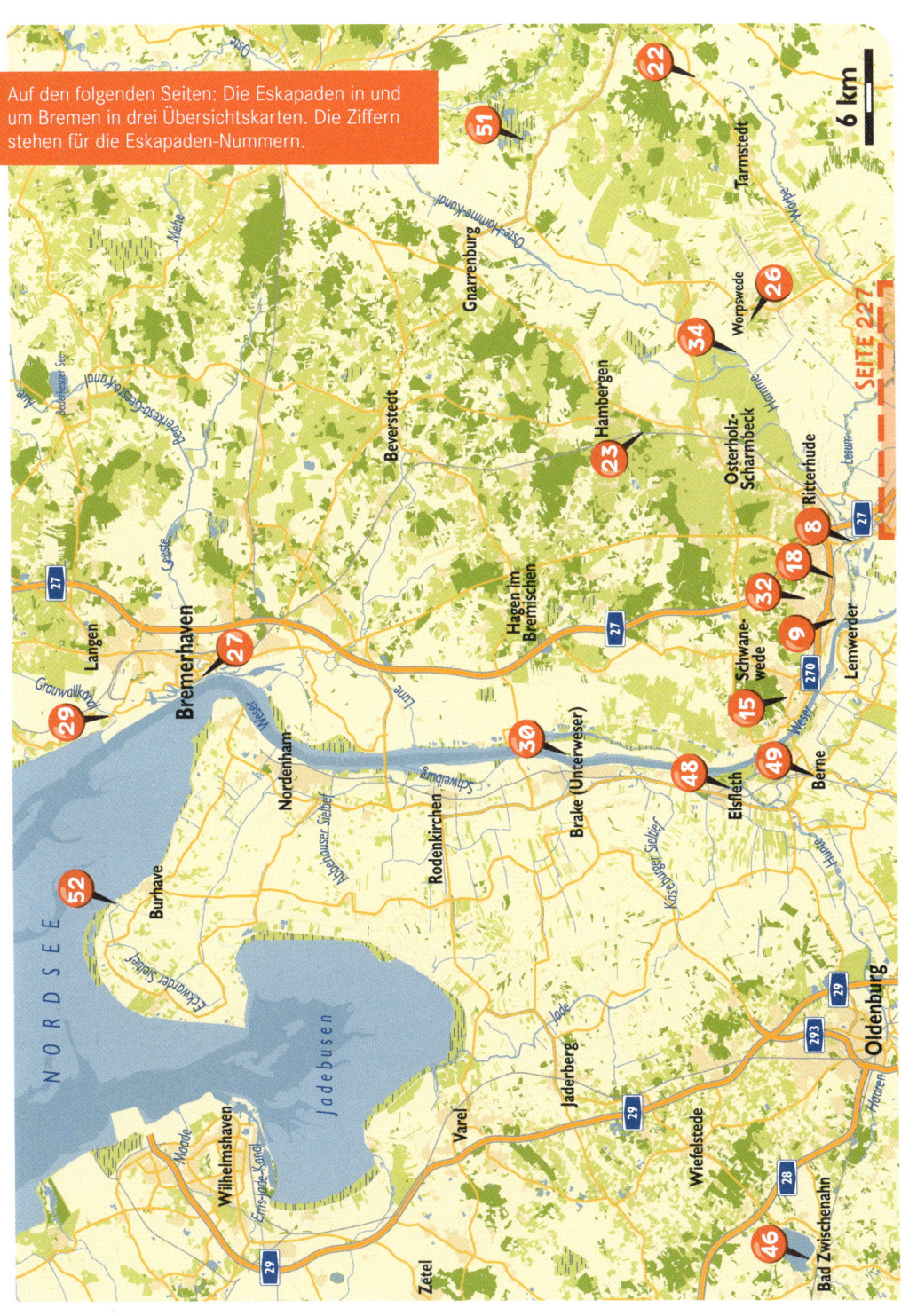

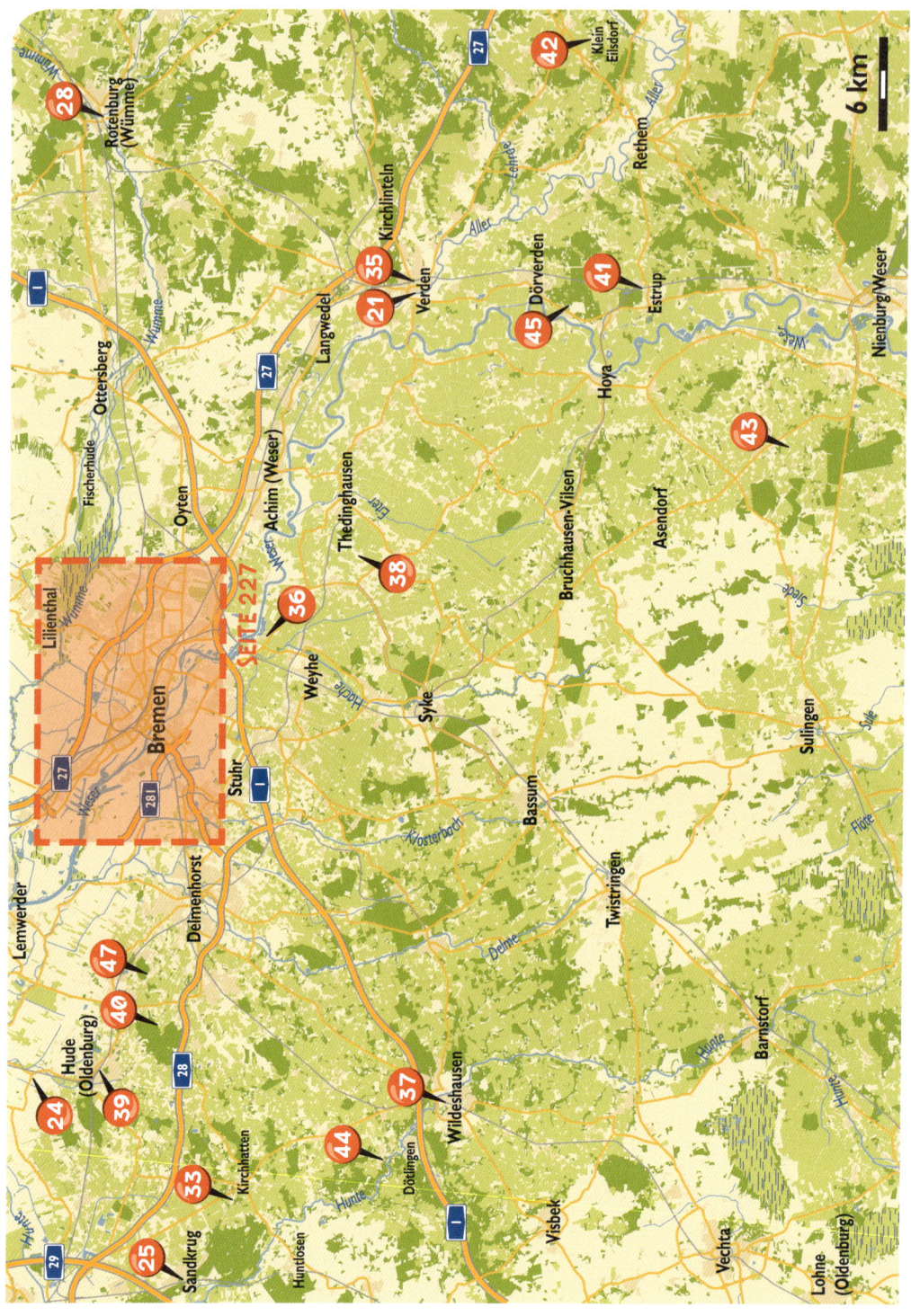

# NOCH MEHR ESKAPADEN ...

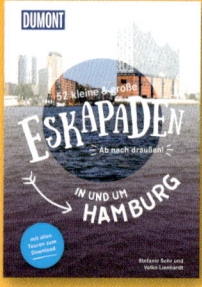 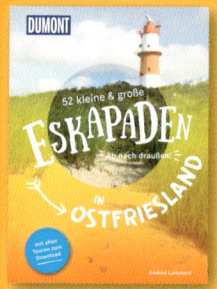 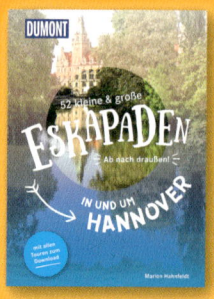

ISBN 978-3-7701-8071-4     ISBN 978-3-7701-8098-1     ISBN 978-3-7701-8096-7

... erhalten Sie im gut sortierten Buchhandel und unter www.dumontreise.de

# IMPRESSUM

**Reihenkonzept** Monique Sorban
**Projektmanagement** Svenja Heinle
**Cover-/Buchgestaltung & Illustrationen** Carolin Weidemann, Köln, www.weidemann-design.com
**Layout & Satz** Sieveking • Agentur für Kommunikation, München, www.sieveking-agentur.de
**Lektorat** Gabriele Kalmbach, Köln, www.gabrielekalmbach.de
**Texte & Fotos** Aylin Krieger, Bremen, www.todywetravel.de; mit folgenden Ausnahmen: Fokus Familien- und Sozialdienstleistung gemeinnützige GmbH (S. 151 o.); Klabauterbrett (S. 213 l.)
**Kartografie** © KOMPASS, Innsbruck, unter Verwendung von Kartendaten von OpenStreetMap, Lizenz CC-BY-SA 2.0

---

Alle Angaben ohne Gewähr. Alle Rechte vorbehalten. Das Werk einschließlich aller seiner Teile ist urheberrechtlich geschützt und darf weder kopiert, vervielfältigt, nachgeahmt oder in anderen Medien gespeichert werden, noch darf es in irgendeiner Form oder mit irgendwelchen Mitteln - elektronisch, mechanisch oder in anderer Weise - weiterverarbeitet werden.

Printed in Poland

1. Auflage 2020
© 2020 DuMont Reiseverlag, Ostfildern
ISBN 978-3-616-11009-7

www.dumontreise.de

## GUT ZU WISSEN ...

### Weiterlesen

Auf www.bremen.de findet man saisonale und allgemeine Ausflugstipps für Bremen und Umgebung. Auch die Tageszeitung Weser Kurier (www.weser-kurier.de) stellt Highlights aus der Region immer mal wieder vor. Das kostenlose MIX-Heft (liegt in Cafés und Kneipen aus) verrät monatliche Tipps.

### Geschmackssachen

Ein Krabbenbrötchen genießt man in Fedderwardersiel (#52), Labskaus ist Bremer Traditionsessen: lecker, wenn man am Meer durchgepustet wurde (#27). Leckermäulchen kosten die Buchweizentorte in Fischerhude (#31). Melkhüs servieren frische Milchprodukte direkt vom Erzeuger (#47, #48, #52).

### Ohne Auto

Der Großteil der Eskapaden ist mit öffentlichen Verkehrsmitteln innerhalb des BSAG/VBN-Gebiets erreichbar. Verbindungen unter www.vbn.de. Spartipp: Die Bremer Monatskarte MIA-Plus gilt am Wochenende und feiertags im gesamten VBN-Gebiet, man darf sogar einen Erwachsenen und bis zu vier Kinder mitnehmen. Fahrradmitnahme im Zug gegen Aufpreis. Fahrradverleih in Bremen: www.wk-bike.de oder www.radstation-bremen.de. Carsharing: www.cambio-carsharing.de

### Sicherheit & Notfälle

Zentrale europäische Notrufnummer ist die 112 – gebührenfrei aus allen Netzen (auch mobil). Sowohl Feuerwehr als auch Rettungsdienste können darüber alarmiert werden.

### Vor Ort im Netz

Tipps für Wandertouren im Bremer Umland gibt es bei den Nordpfaden (www.nordpfade.info). Auch die Bremer Touristiker verraten regelmäßig Tipps auf www.blog.bremen-tourismus.de

# ESKAPADEN-REGISTER ...
## Alle Orte mit Seitenverweisen

Aller 94
Alte Weser 154
Alveser See 176

Barneführer Holz 109
Berne 207
Blockland 87, 133
Blumenthal 67
Borgfeld 135
Brake 130
Bremerhaven 116
Bremer Schweiz 137
Bremervörde 217
Bürgerpark 23, 74
Butjadingen 219

Delmenhorst 209
Dörverden 191
Dötlingen-Oelmühle 187
Dreye 154

Eispohl 68
Eitzendorf 176
Elsfleth 205
Elsflether Sand 203
Emmasee 24
Eystrup 176

Falkensteinsee 198
Fedderwardersiel 220
Fischerhude 134
Fuchsberg 205

Ganderkesee 199
Glinstedt 215
Grafeler Holz 122
Grafenring 176
Grolland 56
Gröpelingen 53
Großes und Weißes Moor 123
Grotte Albrechtsburg 80

Habenhausen 53
Hamberger Moor 103
Hämelhausen 176
Hamme 144
Harriersand 129
Hasbrucher Urwald 168
Hassel 176
Hemeling 58
Holler Moor 164
Höpkens Ruh 16
Horn-Lehe 21
Hoya 176

Hoyerhagen 176
Huchting 51, 56
Hude 165
Hunte 110, 186, 207
Huntlosen 110, 187
Huvenhoopsmoor 214

Kaffeemühle 27
Kirchhatten 141
Kirchtimke 97
Klabauterbett 211
Klein Eilstorf 178
Kleinenkneter Steine 158
Kleiner und Großer Bullensee 123
Kleinhutbergen 94
Kletterwald 141
Knoops Park 78
Komplette Palette 58

Lankenauer Höft 32
Lemwerder 11
Lesum 39, 80
Lesumer Sperrwerk 39

Magic Park Verden 151
Molenturm 83
Moorlose Kirche 41
Muhles Park 16

Neuenkoop 105
Neue Weser 72
Niederbüren 40
Niedersandhausener Moor 101
Nienburg 185

Oberneuland 16
Oberneulander Mühle 16
Ochtum 55
Oldenburg 207
Oldenbüttel 102
Osenberge 109
Ostertimke 98

Park der Gärten 197
Park links der Weser 55
Pestrup 158

Rablinghausen 31
Rhododendronpark 19
Riede 161
Rodau 123
Rotenburg an der Wümme 122
Rügenwalder Mühle 197

Sannum 110
Schierker Staatsforst 97
Schönebecker Auetal 43
Schönebecker Schloss 44
Schröders Obstplantagen 161
Schweringen 176
Sodenmattsee 51
Stadtwald 24
Stadtwerder 71
St. Magnus 79
Ströhe 102
Stuhr 56

Teufelsmoor 113
Tweelbäker See 208

Überseestadt, 84
Ummel 99

Vegesack 44
Verden 93, 149
Verdener Dünen 150

Wallanlagen 26
Waller Feldmarksee 36
Waller Friedhof 47
Waller Sand 84
Weddewarden 125
Werderland 38
Werdersee 63, 73
Weserfähre Pusdorp 33
Weserradweg 10
Weserwehr 72
Wiedau 123
Wieltsee 154
Wietzen 183
Wildeshausen 158
Woltmershausen 11
Worpswede 114
Wremen 126
Wümme 88, 122, 133

Zwischenahner Meer 195

## ⇒ ... über die Autorin ⇐

Aylin ist ein echtes Nordkind: Wenn eine steife Brise weht, fühlt sie sich pudelwohl. In diesem Buch verrät die gebürtige Bremerin sowohl ihre Lieblingsorte als auch grüne Neuentdeckungen. Ihr Motto: Im Detail liegt der Zauber – ob sanfte Wolkenformationen am norddeutschen Himmel, hausgemachter Kuchen im Landcafé oder das kräftige Lila während der Heideblüte. Wenn sie nicht in Bremen & umzu unterwegs ist, zieht es die Kulturwissenschaftlerin raus in die weite Welt. Immer dabei: ihre geliebte Kamera und der ebenso geliebte Ehemann. Ihre Geschichten und Fotografien veröffentlicht Aylin Krieger auf ihrem Blog www.todaywetravel.de

## ≥ Im Garten Eden ≤

**Eskapade #38:** Beim Apfelpflücken in Riede darf man nicht nur in den sauren, sondern auch in den süßen Apfel beißen. Yummy!

## ≥ Auf dem Drahtesel ≤

**Eskapade #1:** Dicke Pötte gucken, den Fahrtwind im Haar spüren – unterwegs auf einer Teiletappe des Weserradwegs macht das Radeln richtig Spaß. So fühlt sich Freiheit an!

# 5 BESONDERE EMPFEHLUNGEN ...

## ≥ Hoch hinaus ≤

**Eskapade #33:** Ein Abenteuer in luftiger Höhe mit Adrenalin und Action gibt es im Kletterwald in Hatten – beim Klettern, Zipline-Rutschen und Balancieren.

## ≥ Alpakafieber ≤

**Eskapade #42:** Ein Wochenende bei den kuscheligen Zeitgenossen aus Südamerika ist genau richtig, um gestresste Großstadtmenschen runterzuholen.

## ≥ Ab auf die Insel ≤

**Eskapade #48:** Weißer Sandstrand, Deichschafe und ein leckerer Milchshake vom Melkhus – so geht Urlaub für die Seele in Elsfleth.